서정문학 대표수필선

희망이 행복이다

지은이 김상설
펴낸이 윤송석
편 집 차영미
펴낸곳 서정문학
펴낸날 2012년 1월 30일
주 소 서울시 영등포구 문래동1가 39 센터플러스 910
전 화 02-720-3266 · 070-7760-3091
홈페이지 http://www. seojugmunhak.com
http://cafe.daum.net/seojungmunhak.com
이메일 sjmh1@hanmail.net
등 록 2007. 12. 18

ISBN 978-89-94807-05-8 03810
정가 10,000원

서정문학 대표수필선

희망이 행복이다

김상설 수필집

서정문학

책 머리에

흐르는 세월이 내게 말한다. 세상은 빠르게 변하고 있는데 왜 가만히 앉아서 사색만 하고 있느냐? 그러면서 많이 움직이고 많이 보고 많이 느끼라고 한다.

10년 전 직장에서 퇴직한 이후 나는 이른 새벽에 산책을 하는 습관이 생겼다. 맑고 신선하게 느껴지는 새벽 공기가 좋고, 높고 파란 하늘에 초롱초롱 빛나고 있는 수많은 별이 좋아서, 그리고 풀숲에서 울어대는 귀뚜라미와 같은 풀벌레 소리가 좋아서 나는 매일 하루도 거르는 일 없이 새벽 산책을 즐긴다.

새벽 산책을 하면서 때로는 애간장을 태우듯 울어대는 소쩍새의 노래도 듣고, 자주는 아니지만 큰 산짐승의 소리와 부엉이가 울어대는 소리를 듣기도 한다. 이러한 것들은 새벽의 고요와 정적을 깨고 야간의 두려움 같은 전율을 느끼게도 하지만 동시에 문명세계를 떠나 사람들이 살고 있지 않은 전혀 외딴 곳에서 미묘한 감정을 느끼게 하는 것이다. 이 순간만은 복잡한 문명세계에 사는 사람이 아니라 철저하게 고립된 지역에서 홀로 살고 있다는 착각이 들기도 하는 것이다.

문명이 낳은 기기들의 소음이 전혀 없다. 오직 엷은 새벽 안개와 은은한 하현 달빛이 밀어를 주고받고, 바람이 시샘을 하듯 하늘에 떠 있는 하얀 구름을 멀리 떠나게 하고 있을 뿐이다.

이 순간만은 자연의 소리만 있다. 적막감 속에서 자연의 소리를 듣는다. 그것은 바로 고요와 정적과 평화의 소리이다.

한낮의 무료하고 무기력하였던 마음은 이제 생기의 기운이 샘솟기 시작하며 현실을 사랑해야 한다는 새로운 마음을 갖게 하는 것이다. 세상이 모두 잠든 새벽에 홀로 깨어 있다는 것만으로도 즐겁고 용기와 만족감을 얻는다.

애당초 미천한 작가가 '4권의 저서를 남겼으면 되었지' 하는 자책이 있어서 이것으로 끝[end]이라 생각하였는데 세월이 가며 내게 다음과 같이 질책을 하는 것이다. 사색을 한 것들을 쓰레기로 내다 버릴 것이냐! 그 질책의 소리를 듣고서 이번에 "희망이 행복이다[Hope is happiness]"라는 수필집을 상재하게 되었다.

2010년 10월 산자락 숲속의 집에서 저자 김상설

|CONTENTS|

제3부 자유로움과 자발적인 기쁨

제4부 고독한 밀어

제1부

희망hope이 행복happy이다

1. 희망이 행복이다

2. 나도 잘 하고 싶었는데!

3. 당전골 페스티벌

4. 삼류작가 K씨는 이렇게 말한다

모든 인간은 크고 작은 사연이 있게 마련이고 각 개인마다 독특한 희망hope이나
소망wish이 있기에 힘든 삶을 이겨내며 인생을 살아가는 것이다.
배고픈 사람은 빵을 구하는 것이 희망이 될 것이고,
밤잠을 이루지 못하는 사람은 숙면을 취하는 것이,
질병으로 고통을 받고 있는 사람은
빨리 고통이 사라지는 것이 희망이고,
자기 소유의 집이 없는 사람들은 자신의 이름으로 된 집을
구입하는 것이 희망이 될 것이다.
승용차가 없는 사람은 멋진 승용차를 구입하는 것이 희망이다.
직장을 구하지 못한 사람은 직장을 구하는 것이,
이미 직장을 구하여 일을 하는 사람은 직장에서 승진을 하여
더 많은 보수를 받는 것이 희망이다.
지금 자신이 겪고 있는 스트레스와 근심과 걱정, 고통은
자신의 크고 작은 꿈과 희망과 소망 때문에 도전을 하기도 하며
열정을 갖고 노력하며 인생을 살아가는 것이다.
그래서 꿈과 희망이 행복이다.

희망이 행복이다Hope is happiness

1. 프롤로그

삶이란 자신이 사는 국가의 정치와 자신의 경제 능력과 불가분의 관계가 있기에 사회적 전반에 걸친 흐름을 고찰하고 생각을 정리하는 시간을 갖고자 하는 것이다. 현대 사회는 산업화와 디지털 혁명으로 자동화시설에 의한 대량 생산체제가 되어 있다. 그러므로 일자리가 줄어들고 직업을 얻기보다는 직업을 잃기가 쉬운 환경으로 빠르게 변화하고 있어서 점점 많은 사람이 빈곤층으로 추락할 위험성이 높아지고 있다. 뿐만 아니라 시시각각으로 쏟아내는 새로운 지식정보는 기존에 배우고 익힌 지식과 이성의 가치체계를 무너뜨려 거짓말faulty과 진실truth의 구별을 애매모호 하게 하며 사물의 실존reality에 대한 판단을 흐리게 하고 있다. 한 마디로 혼돈과 소용돌이가 치는 사회이다. 이러한 사회에서 중심을 잡고 살아가기 위하여 차분한 마음으로 생각을 정리하며 이 글을 쓴다.

2. 현대는 불확실성 시대이다.

급격한 민주화 바람으로 국가 권력이 국민 대중으로 이동되면서 선거에 의하여 국가지도자나 지방자치단체 지도자가 된 사람들은 국가의 미래보다는 자신들의 입지 강화와 기득권을 지키려고 민중의 인기에 영합하려는 행동을 취하는 경향이 있다.

국가는 고용이 줄고 실업자가 증가하는 추세가 지속하고 있으며 이와 같은 시대 상황과 맞물려서 일자리를 구하지 못한 일반 대중들은 사회에 대하여 미래지향적이고 긍정적인 사고방식보다는 냉소적이며 편견과 자조적인 생각이 있기에 국가나 지방정책이 빈민을 위한 경제대책 일명 대중영합주의에 빠지는 경향으로 흐르고 있는 것이다.

국가의 대중영합주의 정책은 개개인들에게 삶에 대한 편안함을 제공하여 주기는 하지만 국가정책이 대중의 인기에 영합하는 사회는 점점 더 냉소적이고 편견을 가지는 사회로 변하고 있으며 또한 이상 기온에 따른 환경 변화로 미래예측이 불가능한 불확실성의 시대이다.

3. 가치관의 변화 세상의 모든 일은 역설적paradox이다.

세계 2차대전과 6·25동란과 같은 지각의 대변동cataclysm을 겪고 5·16혁명으로 농업에 의존하는 국가산업이 이차 산업으로 바뀌면서 과거 유교문화가 쇠퇴하기 시작하고 민주화의 물결은 국가 권력이 민중으로 이동되면서 전통적인 사농공상의 사회적 계층제도가 붕괴되고 고등교육의 대중화로 매년 360개

대학(4년제 대학 200개 전문대학 160개)에서 50만 명의 대학생들이 졸업하는 시대가 되었다. 양이 많아지면 꼭 가치절하가 되기에 대학을 졸업하여도 자신에게 맞는 일자리를 구하기가 어렵다. 또한 매일 홍수 같이 쏟아내는 새로운 지식정보로 인하여 졸업을 하고 1~2년이 지나면 이전에 대학에서 배운 지식은 쓸모없게 되어 버린다. 뿐만 아니라 IMF 국제구제금융 이후 평생직장이라는 개념도 사라지고 이미 직업을 얻은 사람조차도 직업을 잃지 않을까 하는 불안감으로 많은 직장인들이 초조와 불안감 속에서 일한다. 현대는 불안, 초조, 위기의 시대이다. 그런 분위기를 나타내듯 가정주부도 돈을 벌어야 하는 시대가 되었다. 현대사회는 대학 졸업장으로 밥을 먹고 사는 시대가 아니다. 돈이 사람을 차별화하는 시대이다. 물론 자본주의 사회의 기본은 돈이다. 돈 많은 기업가의 회장이나 사장이 화려한 계층의 사람들로 부상되고 있는 것은 어찌 보면 당연한 일인지도 모른다. 기존의 전통적인 사고방식으로 또는 기존의 가치관으로는 하루 세끼의 밥을 먹고 살기가 어려워지고 예술이나 문학을 하는 사람들이나 일반 지성인들 그리고 1차 산업에 종사하는 사람들은 관심 밖으로 밀려 나고 있다. 과거에 천한 직업으로 취급받던 탤런트, 개그맨, 영화배우와 같은 직업이 급부상하였다. 이 모든 현상은 돈[money]과 관련이 있기 때문이다. 현대사회는 모든 것을 경제적 가치로 평가하는 시대이다. 이러한 사회적 환경변화에 따라서 과거에는 개인들이 가문을 위하여 또는 부모에게 효도하는 것이 최상의 미덕으로 삼고 고난과 고초를 겪으며 자신을 희생시키는 삶을 살아왔으나 현대는 사정이 다르다, 하나의 예로 과거에는 고부 갈등이 심하여 부모가 이혼을 강요하면 자식은 부모의 뜻을 따라 사랑하는 조강지처를 버리고 자신의 인생을 희생하며 고통의 삶을 사는 것을 미덕으로 하는 전통과 관습이 있었으나, 이런 것들은 사라지고 경제적 가치를 추구하며 자신의 행복에 가치를 두고 인생을 살아가는 사회가 되었다.

4. 천박한 시대

디지털과 매스미디어 매체 발달로 매일 검증을 거치지 않은 많은 정보를 쏟아내고 있기에 본인 의사에 상관없이 많은 사람이 이러한 매체들에 쉽게 접하게 되는 현실은 많은 사람들로 하여금 올바른 판단을 흐리게 하며 편견을 갖게 하고 있는 것이다. 또한 돈벌이에 혈안이 된 상업주의자들이 천박하고 선정적인 오락 프로그램을 지속적으로 쏟아내기에 할 일이 없이 단조롭고 무료한 시간을 보내는 많은 사람들로 하여금 무의식적으로 이를 쉽게 접하는 환경이 되어서 사회를 천박한 사회로 만들어 가고 있다. 모든 사물은 양면성이 있듯 PC와 인터넷망은 과학이나 의학 발달에 그리고 정부기관이나 금융기관, 분야별 연구나 공부를 하는데 크게 공헌하는 순기능도 있지만, 다른 한편으로는 날이 갈수록 검증도 되지 않은 사안들을 인터넷망에 올려서 인터넷을 공공의 토론장으로 만들기도 하며 민중선동을 주도하며 군중심리를 유발하는 역기능도 있다. 또한 인터넷의 온라인망을 통하여 은밀한 성[sex] 매매를 불법적이고 교묘하게 성행시키고 있어서 사회전반에 퇴폐적이고 향락적인 문화를 창출해내고 있는 것도 사실이다. 이러한 사회풍조는 전통적인 윤리와 도덕성 상실을 초래하는 사회로 변하게 하였다. 최근에는 전화를 이용한 금융사기 뿐 아니라 온라인망 인터넷을 이용하여 금융사기까지 하는 사람들이 있고 보면 통신매체와 온라인망이 현대 사회를 불신distrust의 시대로 만들어 가고 있어서 부정적인 측면이 강하게 부각되고 있다.

그리고 경제적 여유가 있는 일부 부유층 사람들은 외국으로 골프여행이나 섹스 관광을 하며 향락과 풍요를 누린다. 이에 편승하여 경제적 여유가 없는 사람들조차도 향락을 추구하려는 천박한 시대로 만들어 가는 조류가 있어서 많은 사람이 힘이 들고 지저분한 일을 하면서까지 돈을 벌려고 하지 않는다. 지루하고 단조롭고 무료하면 기껏해야 TV를 시청하거나 아니면 경로당에 가서 시간을 보내거나 아니면 술을 마시는 일이다. 아니면 다방에 가서 젊은 여종업원들과 쇠똥 같은 대화로 시간을 보낸다. 끼가 있는 일부사람들은 노래방에 가서 노래방 도우미를 불러서 은밀한 장난을 치기도 하며 다방의 젊은 여종업원과 은밀한 데이트도 한다. 이것이 화려한 현대문명에 가려진 어두운 그림자들이며 천박한 삶의 모습들이다. 그래서 때로 삶이 지루하며 단조롭고 나른하며 무덤덤하다고 느껴질 때이 많은 시간을 어떻게 생산적이고 건전한 일을 하며 시간을 보낼까, 하는 것이 필자의 절박하고 긴요한 생각이다.

5. 에필로그

현대 사회는 모든 것이 너무나 빠르게 변하고 있다. 따라서 사물에 대하여 옳고right 그름wrong을 신념이나 윤리, 도덕으로 판단하는 사회가 아니고 현대는 새로운 법규에 따라 사는 시대이다. 현대 사회는 새로운 법률new law이나 새로운 규정에 따라 삶을 살아가야 하는 시대가 되었다.

스프 키친너soup kitchener로 전락하고 나서야 눈물을 흘려가며 후회의 고통을 받게 될지도 모른다. 자신을 유혹한 섹스걸siren이 자신이 스마트하고 매력적인 멋진 남성이라 유혹한 것이 아니고 자신의 포켓에 있는 돈money이었는 사실을 늦게야 깨닫는다. 이 세상에는 슬픔과 고통이 없는 사람은 한 사람도 없다. 그리고 세상의 모든 사람은 예외없이 누구나 인생이 무료하고 단조롭다고 때때로 느끼는 것이다. 그렇지만, 뻔뻔스럽게 향락을 추구하거나 오만한 행동으로 인생을 사는 것이 아니라, 인생을 겸허humble하게 살아야 하며 자존심pride을 포켓에 넣고 자신의 체력에 맞는 적당한 일을 하는 것이 균형있는 삶이다. 또한, 생산적인 노동을 하는 것이 가장 아름답다. 더욱이 의학의 놀라운 발달로 인간의 평균수명이 급격하게 늘어나서 100세를 살아가야 하는 기나긴 여정이 있기에 더욱 그렇다. 인생의 긴 여정을 무료와 단조로움과 지루함에서 벗어나고 건강하게 살기 위하여 적절한 수입이 있어야 하고 소득이 생기면 가족부양에 힘쓰고 취미 생활을 하며, 가끔씩 2~3일의 일정으로 미지로 짧은 여행trip을 하여 근심과 걱정을 털어 버리자! 그리해도 시간의 여유가 있으면 좋아하는 음악을 감상하거나 독서를 즐기고 규칙적으로 산책이나 걷기운동을 하여 자연치유능력 향상으로 체내의 면역력을 향상해서 각종 암cancer 발생을 억제하고 치매senile dementia나 중풍palsy같은 노인성 질병에서 벗어나 이후 죽음이 오면 미소로 세상을 떠나겠다는 생각과 희망을 품자.

희망은 강한 힘이 생기게 하며 마음을 즐겁게 하기에 그런 이유에서 희망이 행복이다.

(2011년 10월 9일)

나도 잘하고 싶었는데!

그럴듯한 직장에 취직하여 많은 월급을 받으며 신나게 일을 하고 싶은데, 튀는 놈들이 너무 많고 경쟁이 너무 심해서!

예쁘고 멋진 아가씨와 연애를 하고 결혼하고 싶은데, 내 마음에 쏙 드는 아가씨는 너무 콧대가 높아서 나를 거들떠보지도 않는다. 이래저래 시시각각으로 사방에서 자신을 압박pressure 하고 억압하고 짓누른다. 이러하듯 모든 사람은 주위에서 일어나는 크고 작은 다양한 일various things에서 많은 스트레스를 받고 있으며 스트레스를 푸는 방법도 아주 다양하다. 심한 스트레스가 원인이 되어 불면증으로 또는 우울증으로 적지 않은 고생을 하는 사람들도 있으며, 약물치료drug therapy를 받는 사람들도 적지 않다. 요즘 초강국 미국의 금융위기로 전 세계 각국이 경제적으로 심한 불황recess의 늪에 빠져서 각 나라 경제가 그로키groggy상태에 있다. 경제가 빛이 없는 긴 터널 속에 갇혀 있는 형상이다. 직장을 가진 사람들조차도 외줄타기를 하는 것 같이 불안한 심정으로 일하고 있다. 이들이 심적으로 받는 스트레스가 얼마나 클까? 현대를 사는 모든 사람은 이런저런 이유로 수많은 스트레스를 받으며 인생을 살아가고 있는 것이다.

학생들은 성적이 오르지 않는다고 부모님으로부터 추궁과 짜증 섞인 불만의 언성을 듣는다. 부모의 이와 같은 말을 들은 학생은 웅얼거린다. "나도 잘하고 싶은데! 최선을 다해도 성적이 오르지 않는데! 어떻게 하라고! 그렇지 않아도 울고 싶은데! 부모님까지 나를 몰아붙이면 나 자신을 어떻게 지탱하라고?" 이때 학생은 이 순간만은 부모가 원망스럽다. 학생들이 부모로부터 받고 싶은 것은 추궁과 핀잔이 아니라 위안과 격려인 것이다. 자녀에 대한 부모의 지나친 기대가 부모와 자식 간의 사랑을 충돌과 미움으로 변질시키고 있다. 그리고 80세가 넘은 고령의 부모를 모시는 일부 가정에서는 고령의 부모가 자신의 자식들이 효도를 하지 않는다고 섭섭해 한다. 내가 너희들을 어떻게 키웠는데 하시며 말이다. 자식들의 능력은 아랑곳하지 않고 자식들에 대한 지나친 기대가 자신은 물론 자식들의 마음마저 압박pressure하고 억압pressure한다. 과욕이 원인이 되어 상호 간 스트레스를 만들어 가고 스스로 자신을 구속하는 멍에yoke를 만들어 가며 인생을 살아간다. 필자는 이순耳順의 나이를 훌쩍 넘어 이제 앞으로 살아갈 날이 그리 많지 않다. 그래서 세상을 꽤 많이 살아왔다고 생각하기에 지난 시절을 회상을 하고 필자에 대한 이야기를 하려고 한다. 과거나 현재나 인생을 살아가는 것에는 규칙rule이 없다는 것이다. 과거에 우리의 선조도 많은 스트레스를 받으며 살았고 필자 역시 예외일 수가 없었다.

필자가 어머니의 젖을 뗀지 얼마 되지 않아 6·25전쟁이 발발하였고 강산을 붉은 핏물red blood로 흐르게 한 동족끼리의 전쟁 통에서 가까스로 살아남았다. 전쟁으로 폐허가 된 반 토막 국가는 가난하였고 국민은 먹을food것이 부족하여 굶주린 배를 채우기 위하여 안간힘을 쏟았고, 추운 겨울이 되면 오들오들 추위에 떨어야 하는 심한 스트레스를 받았다.

허기를 채우려는 본능은 무엇인가? 먹고 싶은 욕망을 억제해야 되는 수많은 고통과 억압pressure을 받으며 성장하였다. 청소년 시절에 주위의 사람들이 배고픔에 그리고 추위에 떨고 심한 육체노동에 찌들어가며 인생을 사는 모습들을 지켜보면서 빈곤한 농촌지역에서 성장하였다. 나의 가물가물한 기억으로는 당시 쌀이 부족하여 대부분 밀가루와 보리쌀, 감자, 고구마 등과 같은 탄수화물로 허기진 배를 채웠다. 단백질과 지방질 그리고 각종 비타민부족으로 얼굴에는 온통 마른버짐으로 화장을 한 상태여서 같은 마을에서 사는 또래 계집아이들뿐만 아니라 사내아이조차도 나의 이러한 모양새를 보고 함께 놀아주기는커녕 항상 놀려대고 조롱을 당했던 희미한 기억이 있다. 하기야 그도 그럴 것이 요즘 같이 고단백질이나 지방질 과다 섭취로 몸 전체가 비만이라면 행복한 고민일 테지만, 나의 어린 시절의 모습은 오직 탄수화물의 과다섭취로 아랫배下腹部만 불쑥 나왔으니(그 당시에 대부분 아동이 그런 모양이었으나 필자는 특히 심하였다.) 다른 사람들이 보기에 외계인ET같았을 것이라고 상상하여 본다면 될까? 청소년 시절 주위 사람들의 가난을 지켜보고 나 자신 가난을 겪으며 성장한 탓에 지금도 나는 비록 10원짜리 동전이라도 사랑하는 마음이 있다.

그러나 아쉬움이 하나 있다면 필자의 어린 청소년 시절의 모습을 확인할 흑백사진 한 장이 지금은 없다는 사실이다. 그 당시 서민들은 사진을 찍는 일이 요즘 같이 쉽지 않았다. 여하튼 이상한 비만(?)이었던 필자는 어린 청소년 시절의 대부분을 외톨이로 많은 시간을 보냈다는 생각을 하게 되는데 아마 요즘 말로 따돌림을 받았다고 이해하면 된다. 그러니 또래 머슴아이나 계집아이들이 놀아주기는커녕 조롱을 하고 내가 조롱을 받는 것은 어찌 보면 당연한 일인지도 모른다. 선생님으로부터도 귀여움과 사랑을 받고 싶었지만 미련스럽고 우직한 모양새가 원인이었을까? 아니면 다른 아동들과 같이 영리하지 못한 것이 원인이었나? 여하튼 이유를 알 수는 없지만 초등학교(당시 국민학교)시절 내내 학교 담임선생님들로부터 귀여움이나 사랑의 눈길을 한 번도 받아 본적이 없이 초라하게 초등학교 시절을 보냈다. 이후 중고교시절에도 나의 빈약한 학과 성적은 아버님의 나에 대한 실망과 지나친 기대, 어느 것이 원인이 되었는지 몰라도 아버님으로부터 지속적non stop으로 꾸지람과 추궁을 받으며 학교생활을 하였다. 아버님의 녹음기 테이프 돌아가듯이 항상 매번 되풀이되는 말씀은 초교 시절부터 중학 과정을 마칠 때까지 지속하였는데 그것은 바로 당시 농촌에서 초중고교에 다니면서 계속하여 학교 전체 수석을 하여 선생님의 사랑을 독차지하다가 서울에 있는 고려대학 상과대학에 다니고 있는 사촌 형과 비교하시며 꾸중을 하시는 말씀이었다.

이것은 필자로 하여금 심한 열등감을 갖게 하였다. 그리고 그것은 이후 나의 잠재의식 속에서 싹이 되어 자라고 있었다. 왜냐하면 성장을 하고 어른이 되어서도 자주 심한 열등의식에 사로잡혀 마음고생을 많이 하였기 때문이다. 또한 나의 잠재의식에 있는 열등감은 나를 내성적인 성격으로 만들어 가고 있었는지도 모른다. 내가 중학 3학년에 재학을 하고 있을 때인가? 그날도 꾸지람과 추궁이 계속되는 어느 날, 나는 마침내 용기를 내어 울먹이며 아버지에게 다음과 같이 거의 기어들어가는 목소리로 말씀을 드렸다. “아버지 저를 그냥 가만히 내버려 두세요. 제가 알아서 저의 인생을 살겠습니다. 제게 농사일에서 부수되는 잡일이나 제발 시키지 마세요.”라고. 가난하였던 그 시절은 가족구성원 전체가 농사일을 도와야만 모든 가족이 허기진 배를 채울 수가 있었다. 그 말씀을 들으신 아버님은 이후 사촌과 비교하여 꾸지람하시는 것을 멈추시고 나에게 집 안밖의 잡일로부터 제외하는 특별한 조치를 하셨다. 이때부터 나는 반 친구로부터 뒤진 공부에 노력을 집중하였다. 계속적인 훈련과 연습이 따르는 영어, 역사, 국어 등은 상당한 진전이 있었으나 추리능력을 요하는 수학, 물상, 화학과 같은 과목은 좀처럼 성적이 향상되지 않았다. 나도 잘하고 싶었고 선생님이나 부모님으로부터 칭찬과 사랑을 받으며 학교생활을 하고 싶었다. 그러나 노력을 해도 아니 되니! 머리가 따라주지 않았다. 안타까움은 급기야 능력의 한계, 지능의 한계를 느끼기 시작하면서 다시금 심한 스트레스를 받았다. 더욱이 예체능 분야의 음악과 체육은 학급에서 최하위 성적을 독점하였으니 등

수가 좀처럼 향상되지 않았다. 그러나 그나마 외국어인 영어과목이 버팀목이 되어 동급생들로부터 따돌림을 면하면서 고교생활을 마무리할 수가 있었다. 대학진학을 못하고 집에서 부모님께서 경영하시는 농사일을 도우면서 틈틈이 영어공부를 계속하였다. 징병검사를 받았고 이어 영장을 받아 육군 논산 훈련소에 입소하게 되었다. 이제껏 길게 기르던 머리는 다시 초중고교시절의 학생 머리같이 삭발이 되었고 수용연대를 거쳐서 32연대 소속 훈련병이 되어 훈련생활을 시작하게 되었다. 이곳에서 3,000명이 넘는 전 인원에게 아주 간단한 영어회화 테스트가 있었다. 간단한 영어테스트에서 필자는 월등한 성적을 얻었다. 그 결과로 논산훈련소에서 기본훈련을 마치자 서울에 소재한 육군 특수부대로 배치scout 받았다. 이것은 내 인생에서 큰 행운이었다. 아마도 입대하는 전날까지 하루도 빠트리지 않고 영어공부를 한 결과가 아닌가 싶었다. 그리고 행운의 여신이 나와 동행을 하며 나를 돕고 있었다. 그리하여 시골 농촌 벽지에서 성장한 필자는 3년이라는 세월 동안을 서울 시내 한복판에서 군 복무를 하게 되었다. 서울에서 군 복무를 하면서 필자가 받은 가장 큰 자극은 남자는 직장을 가져야 하고 돈을 벌어야 한다는 것이었다. 물론 그 당시 필자는 농촌과 농업을 사랑하였다. 그러나 자신이 직접농사를 짓고 싶다는 생각은 추호도 없었다. 왜냐하면 그 당시 농촌은 미개하였고 농업은 매우 원시적이기 때문이었다.

농업은 육체적인 힘으로만 경영되었다. 그래서 농촌을 계몽시키고 새로운 농업기술을 보급하여 농촌을 발전시켜야 되겠다는 생각을 하게 되었고, 농업과 농촌에 관련된 직업에 도전하겠다는 결심을 하였다. 그리하여 농촌지도직 국가공무원 공개채용시험에 응시하여 어렵게 합격을 하였다. 시골농촌 벽지로 근무 발령을 받았다. 밤낮을 가리지 않고 농촌계몽과 신품종을 보급하며 새로운 영농기술과 농업기계를 보급하였다. 농민들에게 과학영농을 하도록 밤늦게까지 사랑방 교육을 하고 현장을 방문하여 현지지도를 하였다. 오직 농촌계몽을 하여 농업과 농촌발전을 시키겠다는 일념과 신념으로 열심히 일만 하였다. 80년대 중반이 다 되어서야 당시의 국가의 지상과제인 녹색혁명이 달성되었다. 이때부터 국가정책이 일차 산업에서 이차 산업으로 옮겨지면서 농촌지도기관의 위상도 흔들리기 시작하였다. 그때까지 필자는 일에만 몰두하느라 고 세상의 변화에 둔감하였다. 그런 이유로 정작 중요한 자신의 승진에 대해서 무관심하였다. 그러는 동안에 눈치 빠른 동기생들은 이미 승진을 하여 관리직에 보직을 받고 책임자 자리에서 근무하고 있었다. 내가 일에만 몰두하고 있는 동안 나는 인생의 중요한 전환점이 되는 중요한 승진의 기회를 놓치고 만 것이다. 나는 그물net도 치지 않고 고기가 잡히기만을 기대하는 어리석은 어부와 같이 그렇게 직장생활을 하였다. 조직사회에서 승진을 못한 필자는 알게 모르게 정신적으로 심한 압박pressure을 받았다. 이러한 압박pressure은 자신도 모르게 매일매일 마음속에 쌓여 갔다.

그리고 다시 열등의식이 되살아났고 자신이 점점 초라해지고 비참함을 느껴서 아무 생각 없이 공직생활을 명예퇴직으로 마감하였다.

"나도 잘하고 싶었고 승진도 하여 멋지게 국가와 지역사회발전을 위하여 열심히 일하고 싶었는데" 국가는 나의 이러한 소망과 희망을 알아주지도 아니하였고 필자 자신도 준비가 미흡하였다. 누구를 원망하랴! 자신의 어리석음에 있는 것을! 그렇게 우직하게 인생을 살아왔다. 그래서 모든 일은 나 자신의 무능함에 있는 것이라는 생각을 하고 나 자신의 탓으로 생각하였다. 필자는 꽃도 피우지 못하는 꽃나무처럼 그렇게 비참하고 초라하게 공직 생활을 마감하였다.

이제 필자는 나의 인생이 많이 남지 않은 것을 잘 알고 있다. 요즘은 인생을 서서히 하나씩 마무리하는 심정으로 하루하루 살아가고 있다. 나의 생이 언제 끝나게 될지는 필자 자신도 알지 못하지만 그래도 지금은 행복하다. 그래서 나는 지금 웃고 있다. 그 이유는 현재 마음의 평화가 있고 행복하기 때문이다. 누가? 무엇이? 왜? 그리 행복한가? 라고 혹시 묻는 사람이 있다면 필자는 다음과 같이 말을 할 것이다. "지금의 웃음smile에는 눈물tears이 있었다. 과거의 나의 눈물tears속에는 웃음smile의 씨앗seeds이 싹이 터서 자라고 있었다." 그래서 이제는 "자신을 그렇게도 압박pressure하고 구속binding하고 억압pressure하는 모든 것들에게서 벗어나 있기 때문이라고" 모든 멍에yoke를 벗은 필자는 이제 마음껏 자유와 평화를 느낀다.

과거에 다녀 보지 못한 전국에 산재한 크고 작은 아름다운 산山을 자주 산행하면서 깨끗한 산소로 심호흡하여 지나간 세월 마음속에 쌓여진 더러운 것 속진俗塵들을 모두 털어 버린다.

자연에서 발생하는 기氣로 나의 영혼에 기쁨을 재생시키고 그리고 새벽 건강달리기를 하여 기쁨을 더하고 환희에 찬 활력의 에너지를 얻는다. 어둠darkness은 가고 새로운 날이 밝아오는 새벽에 신God이 도우시리라! 이제는 자신을 축하하고 있으며 이제는 나의 영혼soul과 신념faith들을 믿으며 자신을 위한 노래를 부른다.

(계간 참여문학 2009년 여름호 『글맛 38호』에 발표)

당전골 페스티벌

당전골 마을*은 필자가 40년 전 결혼을 하고 바로 이곳에 보금자리주택을 마련하여 이제껏 살아온 풍경이 있는 마을이다. 햇살이 눈부신 낮에는 산새들이 노래하고, 별이 빛나는 밤에는 논에서 개구리들이 개골개골 노래하는 전형적인 농촌마을로, 주요 소득원이 일차 산업으로 집집마다 울타리에는 노란 호박꽃이 있는 조용한 마을이다. 당전골 마을은 당[shrine]집의 앞 마을이라는 뜻으로 당[shrine]이라는 말은 사찰[temple]을 의미하고 전前은 앞[front]을 의미하며 골은 작은 마을을 의미한다. 그래서 당전골은 사찰 앞 작은 마을이다. 실제로 마을에서 2km 떨어진 곳에 있는 노성산(해발310m) 정상에 올라서 붉은 태양이 떠오르는 동쪽을 바라보면 바로 눈앞에 보이는 아름다운 마을이 바로 당전골 마을이다. 그리고 노성산 기슭에 하나의 아주 오래된 사찰이 하나 있는데 바로 '원경사'라는 사찰이 있는 것

* 주: 당전골 마을은 경기도 이천시 설성면 금당2리 마을로 필자가 사는 마을임.

으로 보아 사찰 앞에 있는 작은 마을 즉 당전골이라는 마을 이름의 뿌리와 유래를 쉽게 알 수 있다. 비록 구전으로 전하여 내려오는 이야기이지만 그럴듯하고 재미가 있다.

여하튼 당전골 부락은 과거에는 함안 이씨 집성촌이기도 하였고 전형적인 농촌마을로 변화가 없었으나 최근에는 산업화의 물결이 이곳까지 흘러들어와 빠른 변화가 일어나고 있다. 마을주민이 친절하며 마을주변에 호수와 노성산 공원이 있어서 사람 살기에 좋은 곳이라는 입소문이 퍼지자 전국 각지에서 많은 사람이 이곳에 정착하고 있다. 더욱이 따끈한 정과 사랑을 주고받는 마을로 살기 좋은 마을로 변신하고 있다. 최근에는 상점가와 학교, 병원, 지방관공서가 있어서 생활의 편리성과 쾌적성까지 더해지면서 전원생활을 꿈꾸는 도시민들에게 관심과 매력이 더욱 높아지고 있는 마을로 알려지고 있다. 실제로 수년 전부터 외지에서 전입하여 온 사람들이 많아지고 외지에서 들어온 사람들이 마을의 이장(지도자)이 되면서 당전골 마을은 깨끗하고 사람이 살기 좋은 마을로 발전하고 있다. 마을의 전ex 이장이었던 K씨는 경기도 문화재단으로부터 공공미술 프로젝트사업(예산4천만원)을 유치하여 마을 입구에 "빛의 나무The tree of light"와 돌stone로 만든 조형물 건립과 "빛의 길The road of light"을 조성하여 마을 주민의 잠재의식을 일깨우는 데 노력을 하였다. 그리하여 마을주민의 정신계몽 발전에 동기를 유발하였다. 현재 마을 이장(지도자) H씨도 외지에서 전입하여 온 사람으로 매우 진취적인 사람이다. 부락민의 근면과 단합, 협동의 새마을 정신을 "이웃은 사촌이다."라는 시대정신으로 바꿔 마을 주민의 단합과 협동을 중점사업으로 강조한다.

그 결과 2010년에는 역점사업 '클린 이천(깨끗한 이천) 만들기' 분야에서 최우수 부락으로 선정되는 쾌거를 만들었다. 또한 마을이장(지도자) H씨는 거점 면소재지 개발 사업(예산 60억원)을 유치하여 부락을 도약적인 발전을 하기 위한 발판을 마련하고 주민의 적극적인 참여와 동참을 유도하고 있다. 이번에 당전골 축제(페스티벌) 한마당 잔치가 바로 그것이다. 이번 축전은 청년회, 부녀회 상조회원들과 공동 기획을 하였다. 마을 회관에는 2대의 관광버스가 대기하고 있다. 노인회, 부녀회, 청년회, 그리고 상조회 등 당전골 마을의 모든 단체 회원들이 속속 관광버스에 승차하고 있다. 버스에는 음료와 간식이 충분하게 준비되어 있다. 마을주민들의 얼굴에는 환한 미소가 있다. 만물이 새롭게 태어나고, 천지가 새로운 기운으로 충만한 4월April이다. 일상에서 탈출하여 싱그러운 햇살이 나무 새싹들을 신비스럽고 만들고 푸른 파도가 넘실대는 강원도 양양으로 단체여행을 하는 날이다. 삶에 지치고, 거칠고 냉혹한 세파에 시달려서 불편한 거동에 얼굴은 주름과 백발이 성성한 어르신들이지만, 나이를 초월하고 더 소유하고 덜 소유한 것을 초월하여 이제는 부락민 모두가 한마음이 되고 한 가족이 되어서 동해안으로 가고 있다. 정오쯤 강원도 양양에 도착하였다.

그러면서 다음과 같은 비전이 가슴에 다가오는 것이다. '당전골 마을은 무한한 잠재능력이 있는 마을이다' 라는 생각과 저렇게 불이 타오르는 욕망과 정열이 있고 도전정신이 있는 발랄한 미모의 젊은 부녀회원들과 청년회원들이 있기에 당전골 마을은 밝은 미래가 약속된 마을이라는 희망을 갖게 한다.

(2011. 4. 29. 당전골 페스티벌을 다녀와서)

삼류작가三流作家 K씨는 이렇게 말한다

농촌지역에서 사는 작가 K씨는 평소에 알고 지냈던 사람들과 우연히 길에서 만나는 경우가 있다. 그리고 빠짐없이 받는 인삿말이 있다. 그것은 '무슨 일을 하며 어떻게 소일하고 있느냐?' 이다.

다른 하나는 K씨가 글을 쓰고 있다는 것을 입소문으로 알고 있는 사람들로부터 '원고료는 얼마나 받고 있느냐?' 등등.

작가 K씨는 이러한 질문을 받으면 당혹감을 느낀다. 글쎄? 현대 물질문명이 돈을 벌어야 하는 시대라서 그럴까? K씨가 만나는 사람들마다 돈! 돈! 돈! 한다. 작가 K씨는 혼잣말로 중얼거린다. 빌어먹을!Jesus Christ

멀쩡하게 잘 다니고 있었고 신분이 확실하게 보장되었넌 직장도 시운을 잘못 만나 명예퇴직을 한 사람이 무슨 돈을 번다는 말인가? 하기야 돈을 벌기로 한다면 오장육부를 빼고 아파트 경비원이나 하면 할까? 그것도 나이가 많다고 거절당하는 것이 요즘 세상이다.

뭐, 억지를 부린다면, 주유소의 주유원이나 가능할까? 제기랄! Jesus Christ

어떤 놈은 시운을 잘 만나 고속으로 승진하여 관리직으로 정년까지 해먹고도 이후 관련된 사업체(전관예우?)에서 월급을 받고 일하고 있다는 말도 들린다. 이러한 말은 작가 K씨의 귀에는 쇠똥bull shit같은 소리로 들린다. 작가 K씨가 이러한 말을 들을 때마다 기분이 상하는 것은 어쩔 수 없다. 여하튼 요즘 세상이 돈money이 있어야 사람대접을 받는 세상이다. 돈이 사람을 차별화시킨다. 돈이 없으면 단 하루도 살 수 없다는 생각에는 변함이 없지만, 돈을 버는 재주가 없으니 그리 사는 것이지, 생각을 하며 자신을 위안하려고 하지만, 한편으로 우울해지고 화가 난다. 돈을 벌지 못하는 콤플렉스에서 오는 압박감이다. 이 세상에서 사는 어느 누가 돈을 벌고 싶지 않아서 가만히 앉아 있을까? 돈을 버는 능력이 없으니 그리 사는 것이지!

때로는 특정 종교에 빠진 다음과 같은 사람들을 만난다. 그들은 자신과 같이 신앙(영적) 생활을 하라고 끈질기게 권유를 한다. 그러한 권유를 받을 때도 우울해지고 마음이 상한다. 그래서 될 수 있는 대로 그런 유의 사람들을 피하려고 한다. 그러나 그들은 상대방의 이러한 마음을 아랑곳하지 않고 약간의 틈만 제공되면 지속적으로 접근하여 자신이 부여한 가치관을 상대방에게 권한다. 그것은 커다란 착각이다. 모든 사람은 자신의 유전형질과 자신이 처한 환경으로부터 비롯된 습관과 자신이 설정한 이상적인 상self-image으로 설정한 사물에 가치와 의미를 부여하고 이에 가치와 의미를 추구하며 인생을 살아가고 있을 뿐이다. 그럼에도 불구하고 많은 사람이 자신이 부여한 의미와 자신이 설정한 가치관을 다른 사람들에게 권유나 충고를 하려고 한다. 그래서 세상은 이러한 사람들 때문에 매우 복잡하고 혼란스럽다. 인간관계가 무척이나 어렵다. 상대방의 생각과 판단이 자신과 똑같다고 생각하고 판단하면 오산이다. 따라서 자신이 설정하고 부여한 의미와 자신이 설정한 가치관을 상대방에게 강요하는 것은 상대방의 자유를 구속하는 것으로 인권유린이며 상대방을 화나게 하는 것이다. 자신이 현재 하고 있는 것이 옳고 잘못되었다는 생각을 떠나서 그가 행하는 모든 생각과 판단과 행동은 그것을 행하는 사람의 몫이다. 그것을 인정하자. 그러나 그 행위는 다른 사람에게 피해를 주지 말아야 한다. 다른 사람이 싫어하는 행위를 하지 않는 것이 문화인이다. 필자는 누가 옳고, 누가 틀렸다고, 말하는 것이 아니다.

허구로 된 세상에서 모든 사람은 착각 속에서 살고 있기에 그렇다. 따라서 필자는 다른 어느 누구에게도 글을 쓰라고 권하지 않는다. 상대방이 빠르게 변하는 유행을 따라 살든, 아니면 관습과 전통적 삶에 방식에 얽매여 살든, 그것은 어디까지나 그 사람의 인생이고 그 사람의 몫이다. 그래서 인격이란 습관이라고 말을 할 수가 있다. 작가 K씨는 명성을 얻으려고 글을 쓰지도 않으며 더욱이 돈을 벌려고 글을 쓰지도 않는다. 따라서 다른 사람의 마음을 바꾸기 위하여 설득의 글을 쓰는 것도 아니며 또한 세상에서 일어나는 사건이나 사실이나 정보를 제공하려고 글을 쓰는 것도 아니다. 작가 K씨는 다른 많은 사람과 마찬가지로 가만히 앉아 있으면 세상이 단조롭고 지루하며 무료하다. 그래서 나태해지려는 자신의 마음을 다잡기 위하여 그리고 자신의 실존을 확인하려는 그런 목적으로 아주 단순하게 자신의 감정을 문자라는 매체를 통하여 표현하고 있을 뿐이다. 그리고 자신도 글을 쓰는 일에 고질적인 습관을 가진 사람이며 자신도 이 고질병에서 쉽게 벗어나지 못하고 있다. 한 가지 위안이 되는 일이 있다면, 그것은 "많은 독자 중에서 한 사람이라도 자신의 글을 읽고 기쁨과 행복을 얻는다면 그것으로 만족한다."라는 것이다.[※※]

※※ 주 : 여기서 삼류작가 K씨는 필자 자신이다.

제2부

왜? why

1. 왜? 나는 문학을 하는가?

2. 깨우침의 참 의미

3. 단음적인 사람

4. 아후라 마주다

5. 로디우스

6. 이러한 사람들 때문에 화가 난다

인생을 살아가면서 부정적인 수많은 생각들을 긍정적인 생각으로 바꾸기 위해
왜?[why] 라는 질문을 제기하고 나름대로 해답을 얻고 이해를 한다.
그리고 스트레스를 해소한다. 인간은 자신이 삶의 주체이기에
지속적으로 세상에 대하여 왜?[why] 라는 물음을 제기하며 성장하는 것이다.
왜?[why] 라는 질문에 해답을 얻으려고 공부도 하고 사색도 하며, 갈등도 한다. 그런 이유에서 사람들은 각기 타고난 성격에 따라 인생을 살아갈 뿐이다. 보통사람들이
말하는 천재들도 타고난 성격이 그들의 운명을 결정하였다.
'하늘에는 하나 둘, 별이 빛나지요' 를 작곡한 독일출신 음악가 슈만[Schumann]은
청각이상과 환각증세로 2년간 병원생활을 하다가 46세에 요절한다.
"어느 날 아침, 잠에서 깨어보니 자신이 유명해진 것을 알았다." 라는 말로
유명한 영국출신 작가 바이른[Byron]은 신체적 핸디캡은
극복하였으나 우울증과 화병으로 36세에 요절한다.
37세에 요절한 화가 빈센트 반고흐[Vincent Van Gogh]는 매일 긴장과 지나친 격정과
분노의 날을 보내다가 어느 날, 함께 지내던 친구와 말다툼을 한 후
자신의 격정을 다스리지 못하여 귀 일부를 절단한다.
결론적으로 자신의 마음이나 감정, 그리고 격정과 분노를 다스리는 일은 본인의
몫이며 자신의 마음이나 감정을 다스리기 위하여 왜?[why] 라는
물음을 제기하고 긍정적인 사고를 도출한다.
그리하여 해답을 얻고 지속적인 노력을 한다. 이것이 지혜로운 삶이다.
여기서 왜?[why] 라는 물음은 자신의 성격을 조절하기 위해서,
그리고 일상에서 겪는 스트레스를 해소하기 위하여
그리고 삶의 지혜를 얻기 위해서다.

왜? 나는 문학을 하는가?

현대 사회는 개인 중심적인 사회이다. 그래서 개인의 감성이 사회를 변화시키는 시대가 되었다. 모든 사람들은 각자 자신이 설정한 덕목과 주관적인 판단에 따라서 사물에 가치를 부여하고 부여한 가치를 추구하며 자신만의 즐거움과 행복을 얻으며 삶을 살아간다. 모든 사물의 가치는 각 개인의 주관적이 판단에 따라 결정되는 것이기에 자신은 매우 소중하게 느끼지만, 다른 사람에게는 하찮은 것으로 보이기도 하고 쓸데없는 것으로 생각 될 수도 있다. 아니 오히려 고통을 줄 수도 있고 스트레스를 줄 수도 있다. 따라서 함부로 자신의 의견을 강하게 주장하거나 자신의 신념 또는 믿음을 강하게 권유하는 것은 옳지 않다고 생각된다. 또한 자신이 설정한 기준이나 덕목으로 다른 사람을 판단하거나 평가해서도 안된다는 생각을 하게 된다. 필자는 사유와 사색을 좋아한다. 그래서 문학을 하는 것이다.

인근부락에 혈족보다 가깝게 지내고 있는 P라는 부부가 있다. 그 부부는 사업을 하여 크게 성공하였다. 그래서 여유가 있으며 신앙생활로 행복한 인생을 살아가고 있다. 그리고 남들이 부러워하는 잉꼬부부이다. 그 행복한 부부는 필자의 집을 자주 방문한다. 그리고 필자는 그들 부부의 신앙생활에 대한 이야기이며 성경에 대한 이야기를 경청하는 편이다. 그렇다고 해서 필자가 종교에 관심이 있어서가 아니라 우정으로 받아들이고 필자가 문학을 하기에 글에 대한 소재를 찾으려는 마음에서 이야기를 경청하는 것이다. 필자는 성경Bible을 머리를 혼란스럽게 하는 허구fiction라고 생각하고 있으며 신앙생활은 자신을 구속하는 것으로 생각하고 있는 사람이다. 그런데 최근 들어서 P부부는 자신들이 믿는 신앙을 자주 권유하는 것이다. 필자는 물론 단호하게 거절의사를 밝혔다. 필자는 정치와 마찬가지로 종교에 관심이 없다는 것과 단지 문학을 하는 사람으로 남아 있겠노라 말을 하였다. 필자를 자신들이 설정한 기준과 가치관으로 평가하고 판단하고 자신들 신앙의 전도 대상으로 생각하였나보다. 맙소사! 필자 역시 나 자신이 설정한 가치관으로 문학을 하는 것이다. 따라서 필자는 지금까지 다른 어떤 사람에게 문학을 하라는 말을 결코 하지 않는다.

문학이란 종교와 철학과 불가분의 관계에 있기에 문학은 종교와 철학 사이에 놓인 다리bridge라는 생각에 필자는 문학과 종교 그리고 철학의 관계를 심미적 총체성 속에서 사유하고 있을 뿐이다. 따라서 철학과 종교를 단지 사유와 사색의 차원에서 고찰하는 것이지 전혀 다른 의미를 부여하지는 않는다. 사유 그리고 사색은 문학을 하는 수필가에게는 신God과 같이 절대적이다. 신God이란 인간이 설정한 가치판단 너머에 있는 추상적이며 이념상의 존재이므로 극히 주관적이다. 따라서 주관적인 가치판단은 각자 자신만의 신념이기에 아무 생각 없이 그리고 아무 생각도 하지 말고 무조건 자신의 생각이나 자신이 주장하고 있는 말을 믿으라고 상대방에게 권유하는 것은 독선이며 상대방의 인권을 유린하는 행위라는 생각을 하고 있다. 그러기에 필자는 다른 사람에게 문학을 하라고 권유하지도 않으며 문학에 대하여 필자의 의견을 강하게 주장하지도 않는다.

다만 필자가 문학을 하는 것은 사색을 좋아하고 사물에 대하여 왜? 라는 물음을 제기하고 그 물음에 답을 얻는 기쁨 때문이다. Life is puzzle, must solve it

깨우침이란?

'학문의 길이나 배움의 길은 하루하루 쌓아 가는 것이고 도道의 길은 하루하루 하나씩 버리고 마음을 비우는 것이다' 라고 말한다. 마음을 비운다는 것은 인위적 속박에서 벗어나 자유로운 삶을 살아간다는 말이다. 그런 이유로 인생이라는 것은 어떤 것들을 쌓아가다가 때가 되면 다시 쌓은 것들을 버리는 법을 배우는 것이라고 할 수 있다. 불교에는 많은 종파가 있다. 그 중에 필자가 관심을 둔 것은 불교의 선종禪宗이다. 선線은 선禪 나那라는 "명상"의 뜻을 가진 산스크리트어 디아나Dyana라는 단어를 중국식 발음으로 음역한 것으로 "나"가 생략되고 "선禪" 자만 남은 것이다. 선禪의 핵심은 깨우침이다. 여기서 깨우침의 참 의미는 무엇일까? 무의식을 의식화한다는 말로 논리나 이성의 한계를 넘어서 새로운 의식의 경지에 이르는 것이다. 예를 들면 꽃을 보면 내가 꽃이 되어 생각하는 마음이다. 너와 나와의 구별 없이 하나가 되는 마음이다. 우리의 정신이 의식화 되어 있는 이성적 관념들 농촌과 도시, 기쁨과 슬픔, 승리와 패배, 비극과 희극, 아름다움과 더러움, 혼돈과 질서, 수치와 명예, 고통과 기쁨, 자연과 인간과 같이 이분법dichotomy 방식으로 생각하는 의식에서 벗어나는 경지境地를 여기서 깨우침이라고 말하며 이는 명상 훈련으로 가능하다는 것이 선종의 교리이다. 필자는 과거의 역설적 진리를 생각하고는 하였는데 여기서 말하는 선종의 깨우침이야말로 한 단계 업그레이드 된 사상이라는 생각을 하며 '바로 이것이다!' 라는 확신을 가졌다.

과거에 대통령까지 지낸 사람 또는 어느 재벌의 총수까지 지낸 사람이 순간의 수치shame나 분노를 극복하지 못하고 스스로 목숨을 끊거나 울화병으로 파멸되는 현상을 보면서 이것은 깨우침이 부족한 것이라는 생각을 하게 하는 것이다. 깨우침이란 더러움이 시간이 지나면 아름다움이 되고, 승자가 시간이 지나면 패자가 되며, 큰 고통의 시간이 지나면 더 큰 기쁨을 얻게 된다는 진리가 깨우침이다. 자연에서 온 인생도 시간이 지나면 다시 자연으로 돌아가듯 말이다. 그리고 붓다가 유언에서 말하였듯 모든 인간은 자연으로 돌아가기까지는 하는 일이 무엇이든 간에 열심히 노력을 하는 것이다. 여자가 죽음과 삶의 경계를 오가는 산고의 고통을 감내해야만 아이를 분만하듯이, 그리고 가파르고 험준한 높은 산을 힘들게 등반을 하고 나서야 커다란 즐거움을 얻듯이, 고통을 겪지 않고는 승리와 기쁨을 얻지 못한다는 사실을 잘 알고 있다. 그럼에도 우리는 너무나 오랜 세월을 이성적이며 상식적으로 살아온 관습의 탓으로 고통과 슬픔을 당하게 되면 다시 기쁨과 축복이 오기도 전에 과오나 실수를 저지르기 쉽다.

불교의 창시자 붓다Buddha는 생로병사生老病死의 깨우침을 얻어서 성불이 되었다. 그는 기원전 6세기경 히말라야 산자락인 지금의 네팔과 인도변경 부근에 있던 카필라 성에서 살았던 사카족인 숫도다나 왕의 아들로 세상에 태어났다. 출산한지 7일 후에 모친 미야 왕비가 사망하자 아버지는 처제를 아내로 삼는다. 아버지의 후실이 된 이모에 의해 붓다는 양육이 되어 7세부터 학문에 전념하였고 19세에 아름다운 야쇼다라 공주와 결혼하여 아들까지도 얻었다. 모든 사람이 다 그러하듯 붓다도 30세 전후에 '인생이란 무엇인가? 삶이란 무엇인가?' 하는 문제로 고민하다가 출가를 한다. 45년 동안 걸식을 하며 고행을 하고 80세가 되던 해에 금세공을 업으로 하는 "춘다"라는 사람으로부터 푸짐한 음식을 대접받고 급체로 죽게 된다. 그는 숨을 거두기 전 제자들을 모아놓고 격려와 위안의 말을 하고 유언으로 "모든 것은 덧없다. 게으르지 말라, 나태하지 마라! 부지런히 정진하라!"라는 말을 남기고 조용하게 숨을 거두었다고 전해지고 있다. 여기서 붓다Buddha의 "부지런히 정진하라!"라는 말은 무엇을 의미하는가? "45년간 걸식을 하며 고행을 하고 얻은 것은 인생이란 꿈과 같으니, 이 세상에 살아있는 동안 열심히 노력하라!"라는 것이 붓다의 깨우침이며 후대 사람들에게 남긴 유언이다. 인생이란 결국 인생이 끝나는 마지막 그날까지 열심히 노력하는 것이다.

붓다의 말대로!life is burden, overit come

단음적인 사람The peoples of staccato

많은 사람이 말한다. "소주 한 잔에 삶의 비밀이 숨어 있다"고.

평소에 말이 없던 사람도 소주 한 잔을 마시고 나면 아주 쉽게 자신의 마음속을 털어놓는다. 커피가 사람들의 인사를 교환하는 대표적인 음식이라면 소주는 많은 사람의 삶의 애환을 표출하는 대표적인 음식이다. 그래서 상대방의 마음을 알려면 소주가 빠지지 않는다.

지난 여름 내내 비 오는 날이 유난히 많았다. 비가 오는 어느 날인가? 등산을 매우 좋아하는 초등학교 동창생 P군을 만나 소주 한 잔을 나누는 기회가 있었다. 얼마 간의 소주잔을 주고 받았다. 평소 말이 적은 사람으로 좀처럼 자신과 자신의 가족에 관한 이야기를 하지 않던 그 친구가 그날따라 어렵게 입을 연다. 그리고 자신의 아들에 대한 이야기를 꺼낸다.

자신의 아들이 낚시를 무척 좋아하여fishing mania 아들의 건강이 걱정이 되었다. 그래서 아들에게 "낚시는 적당하게 즐기고 자신과 함께 가끔 등산이나 하지 않겠느냐?"며 아들의 의향을 물었다. 아버지의 말을 들은 아들의 반응은 뜻밖이었다. 아들은 다음과 같은 말을 하더라는 것이다.

"아버지는 왜 땀을 뻘뻘 흘리시며 험준한 산을 오르시는지 도대체 이해가 되지 않는다. 나는 그렇게 힘들게 등산은 결코 하지 않겠노라" 거절을 하더라는 것이다. 이 말을 들은 P군은 매우 섭섭하였다고 필자에게 말한다. 요즘 젊은이들은 직선적이다. 그러나 생각을 한 후에 다음과 같은 말을 하였더라면, 아버지는 마음이 상하지 않았을 텐데 하는 아쉬움이 남는다. "아버지의 말씀을 들어보니 아버지를 모시고 등산을 하는 것이 좋을 것도 같네요, 생각을 해보고 추후 답을 드리겠습니다"라고 말이다.

젊은 사람이 직장상사나 또는 부모님께 보고나 말씀을 드리면 매우 신중을 기해야 한다. 문명의 발달은 전통적인 가치관을 무자비하게 파괴하고 많은 사람들을 단음적인 인간으로 만들어가고 있다. 듣기 좋은 말로 '사람들이 개인주의가 되어 가고 있다' 라고 한다. 필자도 비슷한 경험이 있다.

얼마 전 서울을 다녀올 일이 있었다. 버스를 기다리고 있는 동안 그때 지방관청에 출근하는 5촌뻘 되고 지방공무원으로 재직하고 있는 조카(50세)를 우연하게 만났다. 조카는 당숙이 되는 필자에게 다가와서 자신의 손을 내밀며 악수를 하려는 제스처를 취한다. 필자는 무의식적으로 조카의 손을 잡고 악수가 아닌 악수(?)는 하였지만, 기분은 엉망이었다. 젊은 사람이 어른을 만나면 공손하게 인사를 할 것이지, 아래 사람이 위 어른에게 불쑥 악수하자고 손을 내미는 법도가 어느 나라 법도인가? 만약 악수하는 경우라면 어른이 아래 사람에게 손을 내놓으면 아랫사람은 어른의 손을 양손으로 잡고 머리를 약간 숙여 인사를 하는 것이거늘! 어른의 얼굴을 빤히 쳐다보면서 악수를 하려 대드니 도대체 질서가 있는 사회인지, 없는 사회인지? 여하튼 요즘 세상은 혼돈의 사회이며 전통적 가치관이 파괴되는 사회이다. 물론 현대문명의 특징이라는 것이 모든 전통적 가치관이 파괴되고 순간의 기쁨을 즐기는 것에 있기는 하다.

현대사회는 기계 문명의 발달로 연일 각종 매스컴에 쉽게 접하고 있으며 많은 사람들이 매스컴에서 쏟아내는 단편적인 정보와 달콤한 광고에 아주 쉽게 현혹되고 있다. 그런 이유로 많은 사람들이 단편적인 정보와 지식만으로 세상의 모든 것을 다 알고 있는 듯한 착각으로 살아간다. 무더운 여름 더위를 씻기 위하여 우리는 아이스크림을 찾는다. 아이스크림을 먹는 순간 더위를 잊게 하나 체온을 상승시켜 오히려 무더위에 더 시달리게 하는 것을 우리는 까맣게 잊고 살고 있다. 순간의 기쁨만 맛보는 것이다.

우리가 일상 먹는 커피도 마찬가지이다. 커피를 마시는 것은 커피의 향을 순간적으로 즐기고 소화가 잘되는 착각에 빠지게 하는 것이다. 실제는 커피가 위장에 많은 고통과 엄청난 스트레스를 준다는 사실을 잘 알면서도 말이다. 현대사회는 순간을 즐기려는 착각이 진실을 잊게 한다. 이것이 현대문명이다. 필자는 아주 오래 전부터 문명의 이기利器와 단편적인 정보에 대하여 매우 소극적이다. 그런 이유로 TV 시청을 거의 하지 않는다. 그래서 현란한 광고나 유행에 매우 둔감하다. 그리고 느림의 삶을 즐긴다. 그런 이유에서인가 필자는 어느 동료 문인에게 "선생님은 아날로그Analog방식의 삶을 살고 있다."라는 말조차 들은 적이 있었다. 현대사회가 다양하고 복잡한 사회가 되다 보니 잠시 여가의 시간만 있어도 단조로움과 무료함을 참지 못하고 무의식으로 TV를 시청한다. 여하튼 많은 사람이 TV 시청을 좋아한다. 그리고 표현의 자유라는 명목으로 TV 드라마나 시트콤, 개그프로그램의 작가들이나 프로듀서들은 아무 의미 없는 말장난으로 시간을 죽이며 지속적으로 허구의 세상을 창조해 나가고 있다. 또한 인터넷에 중독addict된 젊은 세대들은 전혀 검증되지 않은 단편적인 자료로 진실을 왜곡시켜서 세상을 혼탁하게 하는 횡포를 거침없이 자행한다. 현대문명의 이기利器들이 인간의 삶을 편하게 해주고 빠른 정보의 전달을 해주는 이로운 점도 있지만, 인류를 통합적 사고방식이 결핍된 아주 단음적인 인간으로 만들어가고 있기도 하다.

그래서 필자는 통합적 사고를 하기 위하여 많은 사람들과 대화를 즐긴다. 그리고 그들의 이야기를 들으며 많은 것을 배운다. 모든 사람은 각자 자신이 옳다는 생각과 신념과 판단에 따라 사물에 대해 가치를 부여하고, 가치를 추구하며 인생을 살아간다. 그것을 충분하게 인정하자. 그러나 자신이 부여한 가치관과 다른 사람이 부여한 가치관이 다르다는 것을 알아야 한다. 그런 이유로 사람은 항상 겸손해야 한다. 특히 부모님에게 절대 순종해야 하는 이유가 여기에 있다. 인생이란 삶의 마지막 순간까지 배우며 겸손해야 한다. 그리고 세상에서 조금 출세하였다고 해서 대접받으려고 한다면 이것도 착각이다. 스스로가 먼저 다른 사람을 대접해야 다른 사람이 나를 대접한다.

모든 것이 파괴되는 현대사회에서는 겸손이 미덕이며 조화로움harmony이다. 언성을 높이며 자신의 의견을 말하는 것보다 낮고 부드러운 언어로 상대방을 이해시키는 것이 아름다운 인격이다. 공손하고 부드러우면서 낮은 언어가 아름다운 삶을 만들고 멋있는 인생을 만든다.

상처받은 상대방의 마음을 치유하려면 매우 어렵고 오랜 시간이 걸린다. 자신이 잘났다고 생각하며 세상을 산다는 말도 있지만 요즘 많은 부모님께서 가슴 아파하는 것이 있다면 자신이 낳은 자식들이 무심코 부모님에게 언성을 높이며 꾸짖듯 말을 하고 부모를 가르치려고 한다는 것이다.

부모님의 말씀이나 또는 나이 드신 위 어른의 말씀이 시대에 맞지 않고 비합리적인 것이라서 설령 화가 나고 스트레스를 받을지라도 이를 공손하게 경청하는 것이 자식의 도리이고 조화로운 삶이다.

고대 유대(이스라엘)의 다윗 왕king of David은 자신의 셋째 아들 압살롬Absalom이 자신의 명령을 거역한다는 이유로 전사를 시키는 이야기가 구약성경에 나온다.

속담에 "제사보다 순종이 낫다."라는 말이 있다. 요즘 나이가 드신 부모님께서 비록 변화되는 세상의 조류를 잘 알지 못하고 시대 조류를 따라가지 못하는 약점이 있기는 하지만 모든 부모님은 자신이 낳고 키운 자식들에게서만이라도 부모의 대우를 받고 싶어 하는 것이다. Life is a marathon, complete it

아후라 마즈다

나는 표현의 자유가 있는 이 세상에서 살고 있다는 것이 기쁘다. 그리고 절대 적지 않은 나이가 돼서야 허구로 된 세상에서 숨겨진 사실을 발견하는 기쁨을 얻으며 이 글을 쓴다.

(2010년 3월)

1. 眞實을 발견하는 기쁨 세상은 허구로 가득 차 있다.

허구로 된 세상에서 살고 있는 나는 학자도 아니고 매스미디어 기자도 아니지만, 항상 왜? 라는 의문을 갖고 사물을 관찰하고 생각을 한다. 그리고 숨겨진 진실을 발견하려고 사색을 하며 책을 읽는다. 또한 자연과 책으로부터 많은 진실을 발견하고 기쁨을 얻는다. 이러한 것들은 내가 인생을 살아가는 데 있어서 삶의 의미를 부여하기에 매우 중요하다. 나는 철학과 종교학을 좋아하지 않지만, 지난 해에 우연하게 고대 그리스에 대한 철학과 세계 종교에 대한 비교종교학을 접하는 기회가 있었다. 읽다 보니 재미가 있어서 며칠 밤낮으로 통독하였다. 나이가 든 탓일까? '사람이 죽으면 어떻게 되는가?' 하는 문제에서 시작하여 '사람이 죽으면 영혼은 살아서 존재하는가?' 하는 물음과 신god은 존재하는가? 그리고 신god이 인간을 창조한 것인가? 아니면 인간이 신god을 창조한 것인가? 하는 철학적인 문제에 초점을 맞추며 탐독을 하였다.

세계의 모든 종교는 고대국가 그리스의 철학사상을 받아들여 만들었다는 것과 이 때문에 철학과 종교는 아주 밀접한 관계이며 필연적 관계에 있다는 사실도 알았다. 고대 그리스에는 위대한 철학자 아리스토텔레스Aristoteles와 플라톤Plato이라는 사람이 당시 사상을 주도하고 있었다. 철학자 아리스토텔레스(BC 525~426)와 그의 사상을 추종하는 철학자 에피쿠로스, 히포크라테스, 데이비드 흄은 "영혼은 육체와 불가분의 관계에 있으며 사후에 영혼spirits은 존재하지 않는다."라고 주장한 반면에 철학자 플라톤(BC427~347)과 그의 사상을 추종하는 철학자들 소크라테스, 피타고라스, 탈레스, 밀레투스는 사람의 육체는 죽어도 영혼은 죽지 않고 살아 있다는 영혼불멸성을 주장하였다. 철학자 플라톤과 그의 추종자들은 왜, 영혼불멸성을 주장하였을까? 필자의 생각으로는 아마도 그것은 인간의 수명과 관계가 있지 않을까 하는 추측을 하게 만든다. 고대인들의 평균수명이 37세 전후이었음을 감안하면 오래 살고 싶은 소망과 영혼이 불멸不滅이었으면 하는 소망이 있었을 것이다. 이러한 소망은 이성을 상실한 종교적 신앙의식으로 작용하였다는 생각을 하게 하는 것이다. 세계의 모든 종교는 이러한 플라톤Plato

의 철학사상을 받아들이고 불교는 거기에다 영혼의 윤회설까지 포함시켜서 창시되었다. 세계 최초의 종교인 조로아스터교를 비롯한 유대교, 로마교, 기독교, 이슬람, 불교, 힌두교, 자이나교와 시크교, 도교, 유교 등 세계의 모든 종교는 영혼이 불멸한다는 플라톤의 철학사상을 받아들이고 그 전제하에 부활이나 환생(윤회론), 그리고 천국과 천사, 지옥과 악마의 개념을 도입하고 이론화하고 체계화하였다는 사실도 알게 되었다. 이러한 이론과 사상을 바탕으로 2,000년 동안이나 서양의학에서도 육체와 정신을 분리하여 연구하여 왔다는 사실이다. 그것은 큰 오류를 범하였다는 것이 필자의 생각이다. 종교는 인간이 원하나 자신이 처한 상황에서 자신의 능력으로는 어쩌지 못하는 것에서 오는 소망을 종교적인 (믿음)의식으로 받아들인 것에 불과한 것이다. 인간은 많은 소망에 대하여 아주 다양한 신[神=god]을 만들었다는 사실도 이번 기회에 알게 되었다. 고대 그리스 신화는 말할 것도 없고 로마의 태양의 신[god] 아폴로[Apollo]의 형상에서 알게 되듯이 아폴로 신[god]은 발기된 남근[男根]이 있는 벌거벗은 남자의 나체 형상이다. 왜? 로마인들은 건장한 남자의 벌거벗은 나체[nude]의 형상을 만들어서 숭배하였을까? 우리나라에서도 일부사람들이지만 남성의 발기된 생식기[男根]의 조형물을 만들어서 이를 숭배하며 이를 믿는 지역이 아직도 일부 남아 있다. 발기된 남성 생식기의 조형물을 접촉하면 불임여성이 임신할 수 있다는 믿음에서 비롯된 것이다. 이러한 믿음은 인도의 힌두교에서 유래된 것이라는 추측을 하게 되는데 인도의 힌두교에는 3개의 신[god] 중에 새로 태어남과 성[sex]을 관리하는 시바[Shiva]라는 신[god]이 있다. 이 신의 상징물이 발기된 남성의 생식기이다. 왜 고대인들은 남성의 발기된 생식기의 형상을 만들고 신[god]을 세워서 숭배하였을까?

고대사회는 많이 생산하는 것이 미덕이었다. 그래서 다산[多産]을 절대신[主神]으로 섬기는 종교가 생기게 된 것이다. 그 대표적인 종교가 가나안 종교다. 가나안 종교는 다산의 신[god] “바알”을 숭배하는 종교로 의식은 무절제한 난교의식이었다는 사실도 발견하였다. 왜, 이러한 믿음이 생긴 것일까? 당시에는 물질이 부족하고 절대적 인구가 부족하였기 때문이었을 것이라는 추측을 하게 하게 된다. 왜냐하면 고대인들은 전쟁을 자주 하였다. 전쟁을 하다가 많은 사람이 죽었고 패전국들의 남자들은 모두 죽임을 당하였거나 전쟁포로가 되어 노예가 되었다. 당연히 남자가 절대적으로 부족하였던 것이다. 절대적 부족은 인간들의 소망이 되었고 이러한 소망은 인간으로 하여금 신[god]을 세우게 하였고 이를 숭배하게 하였던 것이다. 그래서 남자는 신[god]과 같은 존재가 되었고 태양과 같이 소중할 수밖에 없었다. 이때부터 남과 여의 성차별이 시작 되었을 것이라는 추측을 하게 되는 것이다. 여하튼 문명과 과학이 발달하지 않았던 고대 희랍문화나 로마문화는 자연의 모든 대상이 신[神=god]이 될 수밖에 없었고, 종이제조와 인쇄술이 발달하지 않았고 유전학이 발달하지 않았던 고대사회는 지식정보가 부족하였기에 때문에 일부 선각자와 그의 추종자들의 엄청난 거짓 외침[extraordinary]이 당시 시대 상황과 맞물려서 고대 문화를 형성하였다는 추측을 하게 하는 것이다. 세계의 모든 종교창시자들은 한결같이 하늘로부터 신[god]의 외침의 말[言語]을 들었다고 주장한다.

구약성서에 나오는 모세는 야훼(히브리어로 절대적인 신[神]) 자신에게 직접 말[言語]을 하였다고 주장하고 이것을 신[god]과의 약속이라 하여 현대판 헌법이나 형법과 같은 효력을 가진 신[神]과의 언약의 법계[法戒=十誡命]를 제정하였다. 그리고 노예상태에서 방황하고 있는 자신의 종족인 유대인(당시 히브리인)들에게 야훼가 택한 백성이라는 신념을 심어주었다. 이후 유대교의 개념을 받아들인 기독교가 로마의 공식종교가 되자, 제사장을 율법사로 하여 언약의 법계로 사람들을 심판하고 구속하는 기독교문화가 중세기의 서양문화가 되었다. 그것은 과학이 발달하지 않아 통신수단도 없었고 문자와 인쇄술도 발달하지 않은 시대의 필연적 결과였다. 다시 말하여 지식과 정보 전달의 매체가 전혀 없었고 책이 매우 귀하였기에 언어가 유일한 의사소통이 되었던 것이다. 무거운 삶의 고통을 받으며 살아가는 일반 서민층이나 노예계층의 많은 사람들은 자신들을 해방시켜 줄 메시아(히브리어로 구세주)를 애타게 기다리고 있었다. 고대 사람들은 주변에서 떠도는 말이나 예언자라고 하는 사람들의 말이 유일한 정보였고 지식이었다. 따라서 신의 말씀[logos]이라고 하는 것만이 진실이라고 생각하였던 것이다. 그리고 신[god]의 말씀대로 인생을 살아가면 언제인가 자신들이 구원을 받을 것이며 사후에 좋은 신분으로 환생하거나 아니면 천국에서 영원히 살게 될 것이라는 막연한 믿음과 소망을 갖고 그리 생각하고 믿었다. 한때 우리나라 조선시대에 예와 충절이 인생의 유일한 규범이 되었듯이 말이다. 예언자들은 일반 대중의 관심과 변화를 끌기 위해서 초능력자 또는 절대적인 신God의 이름을 빌렸다.

그것이 신의 말씀logos으로 나타난 것이다. 엄청난 거짓이 이성reason이 되었고, 엄청난 거짓이 삶의 의미logos가 된 것이다. 고사성어에 "삼인성호三人成虎"라는 말이 있다. 이 말은 세 사람이 입을 모으면 살아 있는 호랑이를 만든다는 말이다. 많은 사람들이 같은 말을 하면 거짓말도 진실로 받아들여지는 착각현상이며 군중심리이다. 한 사람이 말을 하면 의심을 하나 여러 사람이 말을 하여 의심을 피하는 기법이다. 모두가 지식과 정보의 부족, 판단능력이 부재한 결과였다. 당시 기득권을 가진 제사장이 왕과 같은 권위와 권력을 행사한 것은 물론이다. 고대사회는 종이와 인쇄술의 미발달로 책이 희귀하였던 상황으로 일반인들은 경전을 구하여 읽지도 못하였고 랍비(지도자)가 읽어주는 경전을 듣고도 '왜?'라는 의심조차 하지 못하였다. 일반대중은 기득권을 확보한 교회宗團의 권위에 눌려 감히 역발상도 하지 못하고 맹목적으로 믿을 수밖에 없었다. 모두가 정보부족과 교육기관이 없었던 탓이다. 배움과 진실에 목말라 하던 고대 및 중세 사람들에게 그런 이유로 회당synagogue에서 토라Tora=經典를 읽어주고 기도를 주도하였던 랍비(지도자)가 인텔리로 추앙을 받은 것은 어찌 보면 당연한 결과였다. 2,000년 전 고대사회 사람들의 얼마나 삶이 고통스러웠으면, "하늘나라가 가까워졌다! 회개하라!"라고 종말을 외치는 사람을 구세주라고 섬기며 자신의 인생을 헌신하였겠는가?

현대사회가 놀라울 정도로 과학이 발달되었음에도 교회나

사찰에 사람들이 넘쳐나고 있는 현상은 무슨 이유일까? 일종의 군중심리일까? 아니면 습관성일까? 아니면 너무나 한恨이 맺힌 것이 많아서 신god을 찾을 수밖에 없을까? 필자가 너무 우둔하기에 사람들의 속마음을 어찌 헤아리겠는가? 하지만 이미 2,000년 전에 외친 말을 지금까지도 "하늘나라가 가까왔다, 또는 하늘나라가 임박終末하였다!" 라고 말을 하는 사람들이 있는 것을 보게 되면 '인간이란 도대체 무엇인가?' 하는 물음을 제기하게 된다. 종교가 허구라는 사실을 모르고 하는 말인가? 아니면 허구라는 사실을 알면서 그러는 것일까? 그런 사람들을 일컬어 종교를 가질 수밖에 없는 종교적 인간homo religious이라고 말해야 할지! 물론 인생을 산다는 것은 무거운 짐burden이다. 삶이란 누구에게나 고통이며 누구도 삶의 고통에서 벗어날수가 없는 것이다. 그 어느 누구도 삶의 중압감에서 벗어 날 수가 없는 것이다. 그렇다고 해서 하늘나라가 가깝다, 또는 하늘나라가 아직 완성되지 않았다고 종말론으로 사람들을 회유하는 것은 큰 죄악이다. 왜냐하면 지금 내가 이 세상에서 살아 있다는 그 자체가 전부All thing라는 생각을 하고 있기 때문이다. 모든 국가나 민족은 건국 신화나 민족에 대한 신화가 있게 마련이다.

그리고 모든 종족은 나름대로 어떤 형태이든 신화나 자신들만의 종교를 갖고 있다. 건국신화나 민족의 신화, 또는 창씨에 대한 신화는 위대성을 강조하기 위하여 말도 되지 않는 엄청난 거짓으로 만들어진 것을 우리는 잘 알면서도 때로는 그것이 진실인양 받아들이는 착각에 빠지게 하는 것이다. 착각은 자유이다. 그러나 착각에 빠지는 것은 잠시라야 한다. 일시적인 착각은 현실의 아픔을 잊게 하고 아픔을 달래주기에 그렇다. 그러나 바로 현실로 돌아와야 한다. 이것이 지혜이다. 그런 이유로 해서 필자는 지혜의 주신主神 "아후라 마즈다"*라는 말을 좋아하고 이 말을 찬양하는 것이다.

2. 살아있는 동안 행복해야!

필자는 '살아 있는 동안 행복해야 한다.' 라는 생각을 하고 있다. 따라서 고대 그리스의 철학자 아리스토텔레스가 "영혼은 육체의 죽음과 동시에 소멸한다."라고 주장한 것에 전적으로 동의하는 것이다. 영혼과 육체는 별개가 아니고, 하나라는 것. 따라서 육체가 죽으면 영혼spirits도 무기원소로 분해가 된다는 생각을 하고 있다.

정신적 활동은 음식물이 육체에서 소화되면서 발생된 생화학에너지로 활동하는 것이다. 따라서 육체로부터 생화학에너지 공급이 중단된 정신spirits 활동은 불가능하기에 그렇다. 따라서 영혼spirits은 불멸성이라고 하는 철학이론과 종교의 경전은 영혼spirits이 불멸이었으면, 하는 소망에 불과한 것이며 그 소망을 잠재의식으로 받아들인 것에 불과하다.

건전한 정신활동은 건전한 육체로부터 나오는 것이며 건전한 육체에서 생성된 생화학에너지가 뇌에 지속적으로 공급되어야 한다. 따라서 지난 2000년 동안 천벌이나 귀신 또는 악

* 註 : 지혜의 신 智慧의 神, "아후라 마즈다"라는 뜻은 '아후라'는 말은 주(主)님의 뜻이고, '마즈다'라는 말은 지혜(智慧)라는 말로 지혜의 주님을 뜻한다. BC 600년에 페르시아 제국 '자라투스트라 스피타마 Zoroaster Spitama'가 창시한 조로아스터 종교의 지고(至高)의 신(神 God)이다.

마의 소행으로 생각하였던 일명 망령, 일명 치매라고 하는 것은 귀신의 장난이나 천벌이 아니고 정신적 질병으로 밝혀졌다. 치매Alzheimer나 우울증hypochondria** 그리고 조울증은 유전적 요인과 그 외 부수적인 요인으로 육체의 내분비 계통 호르몬의 분비 이상에서 오는 정신적 질병이다. 다시 말하여 신경전달조절물질(세로토닌)의 과다 또는 과소분비가 원인으로 밝혀지고 있으며 이는 자외선과 각종 비타민과의 복잡한 메커니즘에 원인이 있는 것으로 밝혀진 의학 보고서가 있는 것이고 보면 정신과 육체를 별개의 개념으로 파악하면 안 된다. 마음(정신)과 육체는 하나이다. 긍정적인 사고와 건강이 뒷받침이 되어야 한다. 왕성한 활력이 넘치는 활동activity에서 얻어지는 기쁨만이 참 기쁨이다. 활기찬 힘, 이것이 생명력이다. 그런 이유로 이 세상에서 살아 있는 동안 자신이 하고 싶은 일을 해야만 한다. 그래야 잘할 수 있고 자신이 잘하는 일이 자신의 적성이기에 그렇다. 이것은 60대 중반의 삶을 살아오면서 필자가 몸소 체험을 통하여 깨달은 것이다.

인도의 힌두교의 범천梵天=Brahma에서도 다음과 같이 말하고 있다. 명예와 수치, 승리와 패배, 더러움과 아름다움, 고통과 기쁨은 대립적인 개념으로서 별개가 아니라 "하나"라고 말한다.

필자는 이것을 이미 오래 전에 깨달았다. 현실의 삶이 괴롭고 고통스러워 때로는 인생이 슬프기도 하고 절망으로 앞이 어둠뿐인 것 같지만 시간이 지나면 고통과 괴로움이 슬픔과 절

**. 우울증 hypochondria 신경조절 물질 호르몬 "세로토닌" 과다 또는 과소분비로 공허와 허망, 절망, 무력감, 의욕상실, 자살 충동, 증상 등을 나타내는 질병으로 발생이 증가추세에 있다.

망이 기쁨과 행복으로 희망으로 바뀌는 오묘한 진리를 오래 전에 깨달은 것이다. (2010년 3월 31일)

(계간 참여문학 2010년 여름호 『글맛 42호』에 발표하다)

로디우스Radius

로디우스[Radius]라는 말은 길이라는 단어 rode와 그리스 신화에 나오는 최고의 신[god] 제우스[Zeus]라는 단어로 만든 합성어로 의미는 도로나 보도길에 다니는 다양한 품종의 개[dog]를 말한다. 요즘 차도를 제외하고 사람이 다니는 길에는 어김없이 길 위의 로디우스[dog]들이 있다. 당연히 가축 우리 안에 있어야 할 동물이 사람이 사는 아파트나 주택에 사람과 함께 살며 매일 고급음식과 샤워를 즐기며 때로는 화려한 의상을 입고 산책도 하고 외출도 한다. 그래서 사람이 있는 어느 곳이든 로디우스들이 있다. 그런 이유로 가끔 당혹감을 느낄 때가 있다. 오늘도 평소나 다름없이 새로운 하루를 시작하는 이른 새벽이다. 각종 산새들이 부르는 노래와 지저귐을 들으며 기분 좋게 집에서 가까운 노성산을 산행하고 있었다. 정상에서 휴식을 취하고 하산을 시작하였다. 아직까지도 어둠이 채 가시지 않아서 주위가 뚜렷하게 보이지 않는다. 동쪽 하늘은 붉은 태양이 막 솟아

오르려고 하고 있다. 하산이 마무리되고 있었다. 무심히 발걸음을 옮기는 순간 한쪽 나무그늘 밑에서 갑자기 송아지만한 짐승이 불쑥 나타난다.

심한 공포감이 전신으로 쫙 확산하며 소름이 확 끼친다. 동시에 머리가 쭈빗해진다. 그리고 반사행동으로 항상 소지하고 있었던 등산용 지팡이로 방어태세를 취하였다. 산돼지인가? 아니면 늑대인가? 저쪽 구석에서 갑자기 나타난 짐승은 내게 공격을 하지 않고 있다. 여차하면 대격전이 일어날 순간이다. 짐승은 나를 보고 접근하지 않고 약간 떨어진 곳에서 필자에게 공격하지 않고 가만히 있다. 자세히 보니 소련산 개dog다. 나를 극도로 놀라게 한 짐승은 미동도 하지 않는다. 잠시 짐승과 나는 대치상태로 있었다. 길게 느낀 시간이지만 불과 2~3분이 지났을까? 잠시 후 승복을 입은 산사(원경사)의 노수도승의 모습이 보인다. 나는 안심이 되었으나 너무 화가 났다. 그래서 필자는 큰소리를 치고 말았다. "이른 새벽에 이게 무슨 짓이요? 개에게 줄을 매지도 않고 끈을 풀어서 산에 올라오게 하는 법이 어디 있습니까?" 이 말에 노승은 머리를 꾸벅하며 죄송하다는 말만 남기고 총총걸음으로 시야에서 사라진다. 나는 산을 내려와 안도의 한숨을 쉬며 집으로 향하고 있었다. 이때 이건 또, 뭐야? 40대 초반의 또 다른 남자가 진돗개를 데리고 걸어오고 있지 않은가! 다행이 이번에는 개에게 줄을 매고 있었다.

듣는 사람도 없는데 필자는 입속으로 다음과 같이 웅얼거렸다. 제기랄!Jesus Christ 이른 새벽에 산책하려면 혼자서나 하지! 개

dog는 왜? 데리고 다니는 거야? 개를 산책시키기 위함인가? 아니면 자신이 산책을 하는 것인가?

개dog에 대한 에피소드가 있다. 필자가 사는 마을에 수년 전에 서울에서 60대 싱글인 실버 여인이 이사를 왔다. 그녀는 2층집 건물에서 살고 있다. 풍문으로 듣기에는 묵화를 그리는 화가다. 돈푼깨나 있는지 상가 건물 2층 빌딩이 자신의 소유로 되어 있단다. 승용차도 있다. 그리고 매일 오후에 외출복차림과 방울달린 둥근챙이 있는 모자를 쓰고 한껏 멋을 부리며 5마리나 되는 로디우스(애완견)와 함께 산책한다. 여기까지는 좋았다. 그런데 그 멋쟁이 실버 여인의 산책로가 필자의 집으로 향하는 통행로이니 문제가 생긴 것이다. 아스콘 포장이 아닌 비포장 진흙길에 과거에 없던 개의 배설물이 이곳저곳에 있다. 필자는 상점에 물건을 구입하러 가거나 외출을 하려면 이 비포장도로의 길을 이용해야만 한다. 주의를 하지만 약간의 방심만 하면 여지없이 그 로디우스의 배설물을 밟게 되는 것이다. 이때 나의 기분은 엉망이다. 그뿐이 아니다. 배설물을 밟은 구두를 신고 면사무소나 농협 같은 공공건물 같은 곳을 방문하였을 때에 본인 의사와 아무 관계없이 이상한 향기를 풍기는 로디우스의 배설물 냄새 때문에 주위 사람들로부터 종종 이상한 의심을 받는다.

이때 필자가 받는 느낌은 한마다로 당혹감 바로 그것이다. 그것도 한두 번으로 끝나는 일이 아니니 웃지도 울지도 못하는 딱한 처지에 놓였다. 그렇다고 로디우스의 주인인 멋쟁이 실버 싱글 여인에게 당장 달려가서 충고하기도 난감하다. 사람들 모두가 저 자신이 제일 잘났다고 생각하기에 그렇다. 그래서 상대방의 충고나 권고를 긍정적으로 받아들이는 사람이 현대 사회에는 거의 없다. 섣부르게 선의의 충고를 하다가는 역공을 당하기 쉽다. 오랜 궁리 끝에 하나의 아이디어를 생각해 냈다. 그녀의 산책로이며 동시에 필자의 통로인 도로에 있는 작은 나뭇가지에 다음과 같은 메모를 하여 조그만 쪽지를 매달아 놓았다. "애완용 개를 데리고 이 길을 산책하는 사람들은 강아지 배설물용 비닐봉지와 집게를 휴대하여 당신이 가장 사랑하는 자식들이 배설한 황금덩어리를 수거하여 가시면 감사하겠습니다." 이 일이 있는 후 며칠 되지 않아 나의 기분을 엉망으로 만들었던 일이 다시 생기지 않았다. (2008년 7월)

이러한 사람들 때문에 화anger가 난다

속담에 "막걸리 한 잔에 눈물이 난다."라는 말이 있다. 이 말은 모임에서 상대방이 술을 하든, 못하든 관계없이 상대방에게 막걸리 한 잔을 권하는 것이 그리고 처음으로 만난 사람과 인사를 나눈 사람에게 담배 한 대 권하는 것이 우리나라의 아름다운 전통이며 관습과 문화이기 때문에 생긴 것일 것이다. 사람이 꽃보다 아름다운 이유는 상대방을 배려하는 따뜻한 가슴이 있기에 그렇다. 세계에서 가장 따뜻한 가슴을 가진 민족이 우리나라 사람들이라는 말을 들은 기억이 있다. 그래서 다른 사람을 배려하고 격려하는 뜨거운 가슴을 가진 사람한테서 기쁨과 행복을 얻기도 하지만 때로는 간혹 그렇지 못한 사람들 때문에 우울하거나 스트레스를 받기도 하고 화가 나기도 한다. 필자가 문단文壇생활을 한 지가 10여 년이 훨씬 지났다. 지난 세월 많은 문단의 동인출신 문학인들과 만나서 많은 기쁨을 얻었고 독자들로부터 많은 격려의 편지를 받기도 하였다.

지난날을 회상하여 보면 많은 사랑을 받았고 행복했다 생각도 해 보는 것이다. 지난 10월 24일 동인출신 문인 저녁모임이 있었다. 필자는 과거와 마찬가지로 참석하였다. 모임에 참석한 문인은 필자를 포함하여 모두 7명이다.

시인 6명이고 수필을 쓰는 사람은 필자 한 사람뿐이다. 관례에 따라 시poet 낭송이 시작되었다. 진행은 과거 예로 보아 매번 회장이 주재하였다. 그런데 이번에는 회장이 주저주저하는 사이에 모임에 처음 참석한 K시인이 시낭송을 주재하게 되었다. K시인은 필자를 제외하고 모임에 참석한 모든 시인詩人들을 호명하여 시poet낭송을 시킨다. 참석한 모든 시인들의 시 낭송이 끝이 났다. 그것까지는 괜찮았다. 그런데 이 자리에서 시낭송을 주재한 K시인은 필자에게 다음과 같은 항당한 말을 하는 것이다. "김 선생님은 수필을 쓰시는 분이라서 시낭송을 시키지 않았다."라고 아주 당당한 어조로 말한다. 그러면서 필자의 얼굴을 힐끗 보는 것이다. 이 말을 들은 필자는 당혹감을 억제할 수가 없었다. K시인의 약간 우월감 같은 태도가 필자로 하여금 불쾌감을 느끼게 하는 것이다. 기분이 상하여 얼마간의 시간 동안 침묵을 지키고 있으려니 K시인은 필자를 향하여 다시 한 마디의 말을 던진다. "선생님도 이제 수필隨筆은 그만 쓰시고 시詩를 쓰시지요!" 충고까지 하지 않는가! 이 어이없는 말을 듣고 나는 매우 화가 났지만, 분위기를 깰까 염려가 되어 잠시 침묵을 지키고 있다가 이어 식당 주인을 향하여 막걸리를 갖다 달라고 큰소리를 질렀다. 그것은 K시인에 대한 필자의 일종의 항의시위였다. 막걸리가 나왔고 필자는 누가 권하지도 않았고, 어느 누구도 필자의 잔에 술을 따라 주지 않았지만, 5잔의 막걸리를 자작으로 술잔 가득하게 채워서 연속으로 마셔댔다. 술기운이 온몸에 퍼지자 오기가 생겼다. 그래서 누구도 필자에게 시낭송을 권유하지 않았지만 참석한 시인들의 우월감에 대한 항변으로 자발적으로 오명규 시인의 제5시집에서 발췌한 "허수아비와의 대화"와 "허상"이라는 시詩 구절을 주변 사람들의 눈치를 보지 않고 참석한 시인들을 의식하지 않고 아주 큰 소리로 읽어 내려갔다. 그것은 나를 "왕따"시키고 시를 쓰라고 충고한 K시인과 모임에 참석한 시인들에 대한 두 번째 항의였다. 필자는 우월감을 가지고 우쭐대는 사람과 충고를 잘하는 K시인과 같은 사람을 만나면 화나고 우울하다. 그리고 다시 큰 소리로 참석한 주위 시인들을 향하여 다음과 같이 말하였다. "누가 나에게 시詩를 쓰라고 강요한다면, 나는 펜pen을 바다에 버릴 것이다." 이와 같이 강한 어조로 내가 말을 한 것은 일부 시인들이기는 하지만 수필을 쓰는 사람들에 대하여 아니 수필에 대하여 일종의 경멸적 태도와 우월감을 버리라는 엄중한 경고警告이기도 하였다. 모든 사람은 자신이 사물에 부여하고 설정한 가치를 추구하며 만족감과 즐거움을 얻고 행복을 얻는 것이다. 그래서 다른 사람의 비위와 기분을 상하게 하는 말을 잘하는 사람과 충고를 잘하는 사람들 그리고 상대방을 "왕따"시키는 K시인과 같은 사람들은 오만傲慢과 편견偏見을 가진 사람들이라는 생각을 하고 있다. 따라서 이러한 편견과 오만의 정신精神을 소유한 사람들을 만나게 되면 필자는 매우 화anger가 나고 우울憂鬱하다.

제3부
자유로움과 자발적인 기쁨

Ⅰ. 산행의 즐거움

설악산 대청봉 등반

한라산 백록담

지리산 천왕봉

Ⅱ. 섬 여행의 즐거움

해금강과 외도 섬여행

홍도, 흑산도 섬 여행

제주도, 마라도 섬 여행

한려수도(경상남도 통영시)

Ⅲ. 유적지 탐방의 즐거움

경주시 가족여행

진천 농다리

모든 사람은 자유로운 삶을 살고 싶어 한다.
그렇다면, 자유로운 삶이란 무엇인가?
자유로운 삶이란 방탕과 방종 그리고 나태의 삶이 결코 아니다.
자유로운 삶이란 새로운 법과 새로운 질서에 따르며
자신에게 부여된 책임과 의무를 다하는 삶이며
일에 최선을 다하고 여가를 선용하는 일에서는
다른 사람에게 결코 피해를 주어서는 안된다.
이것이 현대 사회를 교양있게 지혜롭게 살아가는 삶이다.
자발적인 기쁨을 얻기 위하여 필연 수고와 고통이 따르지만
이것은 아픔의 고통이 아니라, 기쁨의 고통이요, 기쁨의 수고인 것이다.
봉사 활동이 그렇다. 따라서 스스로 자신이 원하는
자발적인 육체노동이나 정신노동은 격렬하고 흥분이 절정에 달하는
순간의 기쁨이 아니라, 비교적 긴 시간동안 은은하며 차분한 즐거움을 주고
마음의 정화[Catharsis]를 시키기에 그렇다. 이러한 행위에서 스스로 얻어지는
차분하고 은은한 기쁨을 누리는 것이 자유의 삶이고
마음 깊숙한 곳에서 나오는 기쁨이
자발적인 기쁨으로 참 기쁨인 것이다.

설악산雪嶽山 대청봉 등반

밤나무 꽃향기가 그윽한 6월이다. 나의 마음이 설레고 있다. 까닭은 이달 하순에 설악산 대청봉 등반을 하기로 예정되어 있기에 그렇다. 한편으로 여름장마가 시작되었다는 뉴스가 있어서 D-day 날 '혹시 비가 내리지 않을까?' 하는 걱정이 되기도 한다. 드디어 기다리던 설악산 대청봉을 등반하는 날이 밝았다. 날씨는 걱정하였던 것과는 달리 전날 내리던 가랑비도 멈추고 밝은 햇살이 검은 구름 사이로 간간이 비추고 있다. 다만, 공중 습도가 매우 높다. 그러나 등반을 하는데 지장이 없을 것이다. 버스가 서울~춘천 간 고속도로를 질주하고 있다. 산은 푸르고 나의 마음은 이미 대청봉 정상에 있다. 질주하던 버스가 가평휴게소에서 잠시 쉬고 다시 질주한다. 얼마 후 달리던 버스가 주차한다. 대관령 휴게소이다. 이곳이 바로 설악산 대청봉 정상 등반이 시작되는 출발점이다. 산악대장이 회원들에게 안내한다. 어제 내린 가랑비로 돌계단과 암릉이 매우 미끄러우니 회원 여러분들은 A코스 대신 B코스를 이용하여 등산하시는 것이 좋겠다고 말한다. 그리고 오늘 우리가 하는 대청봉 등반은 상급자도 힘이 드는 어려운 코스니 가능한 산행이 수월한 B코스(흘림골 코스)를 산행하시라는 안내의 말을 한다.

동시에 전원에게 등반 희망 코스를 말하라고 한다. 필자는 오래 전부터 대청봉 등반의 꿈을 꾸어 왔기에 주저하지 않고 "A코스인 대청봉 등반을 하겠노라고" 하였다. 참가 인원 70명 중에서 A코스를 선택한 사람은 9명에 불과하다. 그것도 주로 40대의 연령층이고 50대가 2명, 60대 후반은 필자 한 사람뿐이다. 필자는 산악대장의 걱정스러운 눈빛을 피하여 잽싸게 한계령휴게소 설악루 뒤편에서 시작되는 등산로로 향하였다. 가파른 계단을 오르고 또 올라도 돌계단이 나온다. 돌계단을 수없이 오르고 또 오르고 올라도 다시 계단이 나타난다. 나이는 어쩔 수 없는 것일까? 필자는 몇 명 되지 않는 동료 회원들로부터 자꾸 뒤쳐지기 시작하였다. 40대 후반, 아니면 50대 초반쯤 되는 후미 J산악대장이 안쓰러운 표정을 내게 보낸다. 나는 약간의 스피드를 내어 계단을 오르고 암릉을 올랐다. 섭씨 30도가 넘고 습도가 매우 높아서 땀이 온몸에 흐르고 있다. 입고 있는 등산복을 흠뻑 적신다. 힘겨운 산행이 계속되었다. 땀이 계속하여 온몸에 흐르고 이마와 얼굴에서 흐르는 땀이 안경을 넘어 눈으로 흘러 들어가 양쪽 눈을 쓰리게 하고 종종 시야를 가린다. 한동안 스피드를 내다보니 앞서 가던 50대쯤 되는 동료회원 부부를 따라잡게 되었다. 그들 부부는 나무 그늘에서 휴식을 취하며 내게 한마디 한다.

선두로부터 뒤처지면 하산 시간이 늦어지고 산행주관회사에 피해를 주게 된다고. 격려의 말인가? 아니면 걱정이 되어 말을 하는 것인가? 심리적 압박감이 더욱 진땀을 나게 한다. 이렇게 말없는 침묵의 산행시간이 얼마간 지나자 경사가 비교적 완만하나 널바위가 많이 있고 돌계단은 그리 많지 않은 능선이다. 안개비 구름으로 원근의 조망은 보이지 않는다. 약간의 여유를 갖게 되었다. 삼거리 갈림길이다. 여기가 바로 유명한 서북능선이다. 왼쪽 갈림길은 귀때기 청봉으로 향하고 오른쪽 길이 대청봉으로 향하는 길이다. 오른쪽 길로 접어들었다. 경사가 완만한 능선을 한동안 산행을 하니 해발 1,604m 끝청에 도착하였다. 그러나 휴식을 취할 시간이 없다. 아직까지도 필자는 동료회원들로부터 상당히 거리가 떨어진 후미에 있었다. 휴식 없이 계속하여 걸었다. 30여 분 이상 걸으니 저 멀리 대청봉이 보인다. 가깝게 2층 건물인 중청대피소(설악산 산장) 건물도 한눈에 들어온다. 너무나 반갑다. 이곳에는 많은 등산객들이 무엇인가를 먹기도 하며 휴식을 취하기도 하는 정겨운 모습들이 한눈에 들어온다. 필자도 그네들과 같이 휴식을 취하고 싶었으나 마음의 여유가 없다. 마음이 급하여 대청봉 정상을 향하여 중청대피소를 그냥 지나쳤다. 정상을 향하여 부지런히 발걸음을 옮기고 있는데 나의 발걸음을 멈추게 하는 것이 하나 있었다.

그것은 빨강꽃 잣나무이다. 고산지대라서일까? 잣나무들의 키가 무척이나 작았다. 매우 인상적이다. 배낭에서 카메라를 꺼내 처음으로 사진 촬영을 하였다. 그리고 마침내 대청봉 정상에 도착하였다. 바람이 매우 강하다. 땀으로 목욕을 한 몸이 날아갈 듯이 금방 상쾌하다. 아! 나는 얼마나 오랫동안을 이곳 설악산 대청봉 정상에 서기를 원하여 왔던가? 지금 이 순간 나의 가슴이 마구 고동치고 있다. 마침내 나는 설악산 대청봉 정상에 서 있는 것이다! 이 벅찬 감격을 글로 모두 표현할 수 없음이 안타깝다. 그러나 이 벅찬 기쁨도 잠시뿐! 이 기쁨을 충분하게 즐길 시간이 없다. 주위를 살펴보니 앞서 갔던 동료회원들의 모습이 전혀 보이지 않는다. 50대 중반쯤 되는 낯선 등산객에게 사진촬영을 부탁하였다. 해발 1,708m 대청봉이라고 글이 새겨진 정상표시 포스트를 가볍게 포옹하는 자세를 취하고 기념사진을 찍었다. 그리고 아쉬운 마음을 뒤로하고 떨어지지 않는 발걸음을 옮겨야만 했다. 오색약수터로 향하는 하산 길도 수많은 돌계단으로 되어 있다. 하산을 시작한 지 10여분 지났을까? 양쪽다리 무릎에 갑작스럽게 통증이 왔다. 길가에 풀썩 주저앉고 말았다. 자신의 산행스타일과 상반되게 너무 오버페이스無理를 한 것이다. 필자는 매번 산행 때마다 완행버스라는 별명을 들어온 것이다. 쉬며 걸으며 이것저것 둘러보고 하는 것이 나의 등산 스타일인데……. 이번에는 정상정복에만 몰입하다 보니 이런 일이 생겼다. 속도전에는 매우 약한 자신을 너무 잘 알면서도 과욕이 화를 초래한 것이다. 무릎을 마사지 하여도 효과가 없다. 물론 사전준비로 출발 전 양쪽 무릎관절에 무릎관절염치료 패취제(피록시칸)을 부착하였는데도 말이다. 고통이 너무 심하여 나는 마침내 휴대전화로 후미산악대장 J에게 전화를 하였다. 필자보다 앞서서 하산을 하던 후미

산악대장이 급히 내게로 달려왔다. 후미산악대장은 자신이 사용하던 등산용 스틱과 자신이 착용하였던 무릎관절 보호대를 풀어서 내게 넘겨준다. 넘겨받은 무릎보호대를 착용하니 완전하지는 않았지만, 전보다 훨씬 양호하였다. 가까스로 일어나서 아주 천천히 그리고 느리게 하산을 시작하였다. 전보다 고통이 덜하다. 그러나 걸어도 걸어도, 다시금 시작되는 돌계단을 내려오는 동안 침묵의 시간이 흐르고 고통의 시간도 흐르고 있었다. 그렇게 어렵게 하산하는 동안 하산장소(오색약수터)에서 산행주관자로부터 계속하여 후미 산악대장에게 전화가 걸려오는 것이다. 많은 시간이 흐른 것이다. 산악대장은 내게 부담을 줄까 배려하여 "거의 하산을 다하였노라"고 보고하는 모양이다. 마음은 급하나 나의 발걸음은 자꾸만 느려지고 있었다. 빨리 발을 옮길 수가 없었다. 등에서는 식은땀이 흐르고 있었고 이마에서 줄줄 흐르는 땀이 계속하여 눈으로 흘러들어가 눈이 쓰리고 아팠다.

너무 힘이 들어서 저절로 기도가 나왔다. '주님이시여! (창조의 신이며 전지전능하고 지혜의 신神 아후라 마즈다) 제게 힘을 주시고 이 무릎의 고통을 없게 하여 주시옵소서!' 이렇게 마음속으로 웅얼거려 보았다. 살을 도려내는 고통의 시간이 많이 흘렀다. 마침내 힘들고 긴 여정의 하산을 종료하였다. 해는 서산에 지고 있었고 어둠이 서서히 다가오고 있었다. 앞서 하산을 완료한 동료회원들이 귀경버스 옆에 한 무리로 모여 있다가 대열에서 낙오한 필자가 하산을 완료하는 나의 지친 모습을 보고 박수로 환영한다. 필자는 콧날이 시큰하며 눈물이 흐르는 것을 가까스로 참아야만 했다. 귀경하는 버스 속에서 휴대전화의 벨이 울린다. 사랑하는 아내다. 아내는 내게 고생이 많았다며 설악산 대청봉 정복을 축하한다는 말을 한다. 귀경을 거의 다하여 하차 준비를 하려고 하자 다시 휴대전화 벨이 울린다. 백파 선생이다. 내가 전화를 받자 그분도 내게 고생이 많았다고 말하며 김 선생님의 소원을 푼 것을 축하한다고 말하며 전화를 끊는다. 필자는 65세라는 절대 적지 않은 나이에도 불구하고 체력의 한계에 도전하여 설악산 대청봉(1,707.9m)등반에 어렵게 성공했다. 체력의 한계에 도전하여 이를 극복할 수 있도록 많은 도움을 주신 A산악회와 J대장에게, 그리고 아낌없는 격려와 축하를 하여 준 사랑하는 가족에게 고맙다는 말을 하고 싶다. (2010년 6월 20일 밤. 설악산 대청봉을 등반하고 나서 푸근하고 뿌듯한 마음으로 이 글을 쓰다.) After great pain, a formal feeling comes.

(계간 참여문학 2010년 가을호 『글맛 43호』에 발표)

한라산 백록담漢拏山 白鹿潭

매일 반복되는 일상에서 오는 무료함과 따분함에서 탈출하려고 필자는 자주 산행을 떠난다. 산에서 숲을 만나고 공중을 날고 있는 새들을 만나며 바람을 만나고 하염없이 떠가는 흰 구름을 만난다. 결코 서두름 없이 여유있게 산행을 하다 보면 자신도 모르는 사이에 일상에서 오는 무료함과 따분함은 사라지고 귀에 거슬리는 세상의 소음과 사람들의 비웃음을 잊으며 또한 세상사에 대한 안달과 초조를 잊게 된다. 산을 오르다 보면 삶에서 지치고 공허한 마음은 서서히 마음 깊숙한 곳으로부터 용솟음치는 삶에 대한 도전과 기억조차 희미한 추억들이 되살아나 마음은 서서히 즐거움으로 충만해지는 것이다. 이 모든 것들은 자연에서 얻어지는 순수한 기쁨들이다. 세월이 흐르면 나이를 더해가고 나이가 더해감에 체력이 떨어지고 각종 질병에 시달리는 것이 인생이라는 것을 너무나 잘 알고 있기에 무심한 세월이 흘러 나이가 더 들기 전에, 그리고 질병으로 인한 고통에 시달리기 전에 평화의 섬 제주도에 위치한 한라산 백록담을 꼭 한번 가봐야지 하는 마음이 평소에 늘 있었다. 기회란 준비하는 사람에게 온다고 하던가! 어제 필자가 가입한 카페daum cafe로부터 한통의 반가운 편지e-mail를 받았다.

2010년, 새해 특별프로그램special event으로 2박3일간 제주도 한라산 눈꽃산행이 있고 희망자를 선착순으로 접수하고 있다는 것이다. 한라산을 등반할 수 있는 절호의 기회chance라고 생각한 필자는 즉시 참가신청을 하고 회비를 선납하였다. 사전예약을 하고 나자, '나의 체력이 과연 우리나라에서 가장 높다는 해발 1,950m의 한라산을 정복할 수 있을까?' 하는 걱정과 불안감이 엄습하여 온다. 그리고 작은 두려움이 꼬리를 물고 머리를 혼란스럽게 만든다. 이러한 두려움과 불안감이 엄습하여 오는 것은 아마도 20년 전 직장생활중에 겪은 아픈 경험 때문일 것이다. 당시 각급 기관별 체육행사가 있었는데 행사로 치악산 등반을 하였다. 정상까지는 선두그룹으로 등반하고 하산을 시작하여 8부 능선까지 하산하였을까? 순간 왼쪽 무릎관절에 심한 통증으로 그 자리에 주저앉고 말았다. 당시 동료직원들의 도움을 받아가며 가까스로 하산하였으나 예정시간보다 3시간이나 늦게 하산을 완료하였다. 당시 나의 왼쪽 무릎은 퉁퉁 부어 있었고 감각도 마비가 되어 통증도 거의 느끼지 못하였다. 위기상황이었으나 정신력으로 극복한 쓰라린 경험이 있었다. 산을 오르는 일보다 항상 하산이 어렵다는 것을 매번 산행 때마다 생각하게 하는 커다란 사건이었다. 그동안 많은 세월이 지났고 나이도 세월이 흐른 만큼 더해졌다.

이후로 필자는 꾸준하게 지속적으로 운동을 해 왔다. 3~4 시간대의 해발 1,000m 내외 되는 산은 무리 없이 등반을 즐길 수가 있다. 그러나 이번 한라산 정상 등반은 나의 체력의 적정 범위가 넘는 8~9시간이 소요되는 대 장정의 산행이다. 그래서 '이번 한라산 등반이 나의 체력의 한계를 가늠하는 시험대가 될 것이다' 라는 생각을 하게 한다. 그리고 과거와 같이 만약에 불행한 일이 내게 다시 일어난다면 국립공원의 119 산악구조시스템이 있다. "그래 안심을 하고 도전을 하자!" 일상의 무료함에서 탈출을 하는 모험을 하는 것이다. 그것은 모험에 도전하는 것이다. 모험과 도전정신은 자신이 세상에 살아 있음을 그리고 자신의 실존을 확인시켜 주는 것이라는 생각을 하기에 그렇다. 그런 이유로 필자는 종종 도전하는 것이다. 2010년 1월 1일, 오전 6시 45분이다. 필자는 지금 서울특별시 서초구청 정문 앞 버스정류장에서 A산악회 전용버스를 기다리고 있다. 오늘따라 추위가 매섭다. 칼바람까지 불어와 온몸을 움츠리게 한다. 기온은 영하 16C, 체감온도는 영하 25C이다. 날씨는 매우 춥지만, 나의 가슴은 뜨겁다. 마음이 이미 제주도 한라산에 가 있기에 그렇다. 기다리던 버스가 30여 분이나 지연되어 마침내 도착하였다. 버스에 승차하니 행사관계자(산악대장)가 좌석을 배정한다. 배정받은 좌석은 45번! 버스의 맨 뒤 좌석이다.

자리에 앉아 있으려니 옆 좌석에 앉아 있는 낯선 중년 부인이 내게 말을 걸어온다. 자신들의 일행 중 한 사람이 중간좌석에 앉아 있는데 괜찮으시다면 내게 자리를 바꿔달라고 말한다. 그렇지 않아도 후미의 끝 좌석이라서 불편한 심기가 있었는데, 선뜻 동의하여 주니 그 중년부인은 내게 고맙다는 말까지 한다. 순간 불편하였던 심기가 이제는 기분이 좋아지고 좋은 일이 생길 것 같은 예감으로 바뀌었다. 버스는 복잡한 서울을 벗어나서 경부고속도로를 질주한다. 얼마간 질주하던 버스가 경기도 안성휴게소와 전라북도 고창 고인돌 휴게소에서 잠시 정차를 하고 이내 질주하여 4시간 30분만에 목포항에 도착하였다. 목포항은 유달산에서 흘러나오는 이난영 가수singer의 "목포의 눈물"로도 유명한 낭만적인 항구 도시이다. 항구 앞바다에는 많은 배boat, ferry들이 푸른 바닷물에 떠 있고 간간히 고동소리도 들려온다. 오후 2시에 목포항에서 고속여객선(5천톤급, ferry호이며 정원 640명)에 승선하였다. 이것은 내게 새로운 것을 체험하는 기회가 되었다. 그것도 여객선의 3등 객실을 이용하여 5~6시간 동안 바다 여행을 하는 것은 이번이 평생 처음이다. 드디어 제주항에 도착하였다. 제주시내 K호텔 프론트다. 순서대로 숙소 배정을 받기 위해 대기하고 있으려니 행사주관자가 나의 이름을 호명한다. 남자 3명 일행에 필자를 배속시키려 하는데 어떻겠느냐고 나의 의향을 묻는다.

필자가 외톨이로 행사에 참석하였기에 관계치 않는다고 답하자, 그 일행에 합류가 되었다. 607호, 배정받은 숙소이다. 숙소에서 배낭을 내려놓고 나서야 2박 3일간 함께 숙박할 룸메이트들과 인사를 나누고 자기소개 시간을 갖게 되었다. 그들 일행 3명 모두는 서울소재 용산 고교동창생들로 필자와 동년배인 46년생丙戌生이라는 사실을 알게 되었다. 비록 이곳 제주도에서 처음으로 만난 사람들이지만 동년배라는 이유 하나로 오래 사귄 친구와 같은 느낌이 들었다. 편안한 마음으로 그들과 제주도에서 첫날밤을 보냈다. 다음날 호텔 창밖을 내다보니 맑은 햇살이 비치는 청명한 날씨이다. 기분이 상쾌하다. 혹시 날씨가 좋지 않아 한라산 등반을 못하면 어쩌나 하는 노파심이 있었다. 이유는 제주도는 일년에 맑은 날씨가 40여 일 안팎이라는 사실을 알고 있기에 그렇다. 그러나 오늘 제주도의 날씨는 맑고 청명하다. 우선은 맑은 날씨가 나의 기대의 절반을 충족시켜 주었다. 새벽 7시 정각, 한라산 성판악 대피소에서 등반이 시작되었다. 이미 성판악 대피소에는 많은 사람이 북적대고 있었다. 그리고 한편으로는 일렬로 산을 오르고 있다. 등산화에 아이젠을 장착하고 많은 사람의 뒤를 따랐다. 호텔 룸메이트 백파 L씨(전직 유도선수이며 LG 영업부장)와 남궁씨(전직공무원)는 체중 100kg의 건장한 체격이며, 다른 한 사람 신씨(K.Q.A 재직 중)는 65kg 내외의 체구이나 군살이 전혀 없는 날씬한 몸매를 가진 사람이다.

필자는 백파 L씨와 남궁씨를 뒤로 남겨 놓고 앞서서 신씨와 대화를 하며 등반객 인파속에 끼여서 한라산 눈길등반의 첫 발걸음을 옮겼다. 얼마나 많은 사람들이 이 눈길을 밟고 산행을 하였을까? 등산길 위에 내린 눈snow은 아주 딱딱하게 굳어져 있고 등산로에는 등산객의 안전을 위해 로프가 매여 있다. 등산로를 일탈하면 쌓인 눈snow이 허벅지까지 빠진다. 온 천지가 은백색의 세상이다. 진달래 대피소에서 잠시 휴식을 취하고 산행은 계속되었다. 이제 낙엽 활엽수 지대가 끝나고 주목나무, 구상나무 등 상록침엽수들이 내린 눈의 무게에 눌려서 힘겹게 지탱하며 땅을 향하여 가지를 늘어뜨리고 있다. 해발 1,850m. 이곳부터는 가파른 계단이다. 한라산 정상이 한눈에 들어온다. 마음은 급한데 발걸음이 점점 무거워지고 있다. 반면에 마음은 환희의 기쁨으로 샘솟고 두근거리기 시작한다. 30분만 더 오르자! 조금만 더 힘을 내자! 30분 후면 나는 한라산 정상에 있게 될 것이다! 이러한 생각을 하면서 힘겹게 발걸음을 옮기니, 드디어 한라산 정상에 도착하였다. 아! 한라산 정상 백록담! 나는 드디어 해냈다! 나는 쉿, 쉿 소리를 내며 지나치는 저 바람 소리를 얼마나 듣고 싶어 했는가! 그리고 파란 창공에 떠가는 저 하얀 구름을 얼마나 보고 싶어 했는가! 지금 나는 한라산 정상 백록담에 서 있다. 그리고 황홀하고 벅찬 가슴으로 세차게 불어 대는 바람을 가슴으로 느끼며 하얀 안개구름과 은백색의 하얀 눈으로 덮인 백록담을 바라보고 있다.

아! 장엄하면서도 경이롭고, 경이로우면서도 신비스러운 한라산 백록담! 선계仙界인가? 신계神界인가? 얼마나 경이롭고 얼마나 신비스러운 광경인가! 지금 이 순간을 느끼기 위해 나는 얼마나 많은 세월을 기다려 왔는가? 하얀 안개구름이 백록담의 자태를 감추었다가 다시 드러내고 있다. 저처럼 안개구름이 조화를 부리는 것은 백록담이 너무나 아름답고 너무나 소중하기에 그럴까? 아니면 지금 이 순간 백록담에서 살고 있다는 하얀 사슴들이 자신들의 모습을 지상에서 살고 있는 인간들이 보지 못하도록 안개구름cloud으로 장막을 치고 있는 것일까? 한라산 정상에서 1월 초에 부는 바람은 매우 강하고 매섭다. 얼음같이 차지만, 좀처럼 발걸음이 떨어지지 않는다. 그러나 하산을 서둘러야만 한다. 겨울의 해는 짧다. 아쉬운 여운을 남기고 백록담을 뒤로 하고 관음사 코스를 이용하여 하산하기 시작하였다. 개미능선의 아찔한 가파른 계곡에서 때로 미끄러지기도 하고 때로는 넘어지면서 눈길을 걷고 또 걸었다. 마치 동화에 나오는 머나먼 나라, 은백색의 눈으로 만들었다는 동화의 나라, 설국雪國을 오랫동안 여행하는 듯한 기분이다. 그러나 매우 지치고 피곤하지만 아주 행복한 기분으로 눈 쌓인 등반길을 마냥 걷고 또 걸었다. 이렇게 하여 9시간이나 소요되는 한라산 등반의 대장정을 무사히 마치고 관음사 주차장에 도착하였다. (2010년 신년 벽두 1월 1일~1월 3일. 2박 3일의 일정으로 제주도 한라산 백록담을 등반하다.) Life is a challenge, meet it

(계간 참여문학 2010년 겨울호 『글맛 44호』에 발표하다)

지리산 천왕봉智異山 天王峯

천안에 살고 있는 큰아들이 오늘 아침 일찍 전화하였다. 직장에서 특별휴가를 얻었다는 말과 이번에 지리산 산행을 하지 않으시겠느냐고 말한다. 귀가 번쩍 뜨였다. 평소 언제가 될지는 모르지만, 나이가 더 들어 체력이 쇠진하기 전에 꼭 한번은 지리산 산행을 하였으면 하는 생각을 하여 오던 중이었다. 큰아들이 아버지가 산을 좋아하시는 것을 알고서 사전준비를 하고 전화를 한 것이다. 산행에 필요한 비상약과 간이식품은 물론 대피소 예약까지 모든 준비가 완료 되었으니 내일 아침 7시까지 서울 남부 터미널로 나오시기만 하면 된다고 말하며 전화를 끊는다. 지리산을 산행한다는 기대감으로 가슴이 설레기도 하지만 과연 나의 체력이 이를 감당할 수 있을까? 하는 두려움과 걱정이 앞서기도 한다. 그러나 지리산 산행은 나의 오랜 꿈이었기에 두려움과 근심 걱정이 사라지며 나의 마음은 희열로 충만되기 시작하였고 마음은 이미 지리산 천왕봉 정상에 있다. 다음날 나는 약속시각보다 30분 일찍 서울시 남부 터미널에 도착하였다. 잠시 후 충청남도 천안에서 새벽 버스를 타고 상경한 큰아들이 터미널 대합실 안으로 들어온다.

이른 아침이라 손님이 별로 없다. 원지源旨행 우등고속버스 차표를 구입 하자마자 바로 고속버스에 승차하였다. 바로 출발한 버스는 잠시 후 복잡한 서울 도심을 빠져나온다. 버스는 5월의 싱그러운 녹음과 해맑은 아침 공기를 가르며 상쾌하게 고속도로를 질주한다. 이렇게 아들과 고속버스를 타고 함께 여행을 하는 것만으로도 행복하다. 현대 사회가 핵가족시대이기에 이러한 기회를 만들기가 쉽지 않기 때문이다. 버스는 "인삼랜드" 휴게소에서 잠시 쉬고 다시 거침없이 질주한다. 잠시 눈을 붙이고 나니 경상북도 산청군 원지源旨에서 버스가 다시 정차한다. 이곳이 우리가 하차해야 되는 장소이다. 여기서 하차하여 바로 중산리로 가는 완행버스로 갈아탔다. 한적한 시골도로를 한동안 달리던 버스가 주차한다. 중산리 버스종점이다. 이곳이 지리산 중산리 코스 산행 기점이다. 앞서가던 큰아들이 아무 말 없이 산행입구에 있는 상점에 들어갔다가 나오더니 지리산 산행 안내도가 인쇄된 수건 한 장을 내게 선물이라며 불쑥 내민다. 30여분 동안 잘 포장된 오르막 등산로를 따라 걸으니 중산리 야영장이다. 이곳부터는 계곡에서 흐르는 물소리가 제법이다. 지리산 계곡의 물소리가 상쾌함을 더해준다. 지난날 지리산 계곡의 물소리를 얼마나 듣고 싶어 했던가! 오늘에야 비로소 지리산 계곡의 물소리를 들으며 큰아들과 함께 산행하니 무척이나 행복하다. 나무숲으로 된 등산로로 접어들자 5월의 신

록이 밝은 햇살에 신비로움을 더해 준다.

당단풍나무, 사스레나무, 노각나무, 졸참나무, 그리고 노송이 하늘을 찌를 듯 자라고 있다. 등산로주변을 따라 대나무와 이대竹가 등산로를 안내하는 듯이 우리 부자를 향하여 가늘고 많은 작은 잎들을 마구 흔들어댄다. 이렇게 마음의 여유를 갖고 2시간 정도 산행을 하였을까? 커다란 바위 하나가 앞을 가로막는다. "칼바위"이다. 이곳에서 기념사진을 찍고 잠시 휴식을 취하고 있으려니 반대편 백무동코스를 이용하여 천왕봉을 거처 이곳 중산리코스로 하산하는 등산객 몇 사람을 만났다. 반갑게 그리고 간단하게 산행인사를 교환하고 산행을 계속하니 다시 큼직한 바위가 우리를 반긴다. "망 바위"이다. 이곳을 지나 돌계단과 암석으로 된 등산루를 따라 오르며 내림을 반복하는 산행을 계속하자 해발 1,450m에 있는 법계사 사찰이다. 산행 출발지에서 이곳까지 5.8km, 5시간을 산행한 것이다. 법계사는 불상 대신 사리만을 보관하는 적멸보궁의 사찰로 서기 544년(진흥왕 5년) 연기조사가 창건한 것으로 알려진 사찰이다. 인상적인 것은 사찰경내 암반 위에 세워진 높이 3.6m 삼층석탑이 나의 눈길을 사로잡는다. 석탑과 사찰을 둘러보고 약수터에서 한 모금의 물을 마시니 상쾌하다. 손목시계를 보니 오후 6시를 막 지나고 있다. 눈부시게 빛나던 태양은 어느새 천왕봉 너머로 숨어버렸고 땅거미가 서서히 찾아들면서 지리산의 세찬 바람소리만 고요한 사찰 내의 정적을 깨고 있다. 깊은 산 속이라 평야지대보다 2시간정도 일찍 태양이 넘어가고 어둠이 찾아오는 것을 실감하는 순간이다.

법계사 사찰 바로 아래 우리 부자父子가 하룻밤 안식을 취하기로 되어 있는 로터리 대피소이다. 대피소 현관에는 시인마을이라는 작은 간판이 붙어 있어서 눈길을 끌었다. 대피소 숙소에는 국립공원관리공단에서 문인협회의 협찬을 받아 "자연 속에서 읽는 한 편의 시"이라는 제하의 시집이 시리즈로 출간돼 탐방객들에게 읽을거리를 제공하고 있었다. 공원공단에서 탐방객들에게 문학을 쉽게 접할 수 있도록 배려한 것에 깊은 인상을 받았다. 숙소는 아들이 사전에 인터넷으로 사전예약을 하였기에 공단직원의 신분증 확인 절차로 바로 체크인 되었다. 대피소 취사장에서 아들이 준비하여온 햇반으로 간단하게 저녁 식사를 마친 뒤 곧바로 숙소로 돌아왔다. 점퍼와 옷을 입은 채로 지리산 깊은 산 속에서의 추억의 밤night을 보내는 시간이다. 내일을 위하여 안식과 휴식을 취하려고 일찍이 잠자리에 들었다. 주말이 아니고 평일이라서 그럴까? 등산객 30명 이상 수용이 가능한 넓은 대피소는 우리 부자父子만의 공간이 되었다. 모포 한 장만 덮고 잠을 잔 탓일까? 온몸에 한기를 느껴서 한밤중에 잠이 깨었다. 새벽 0시 30분 조용히 대피소 출입문을 열고 밖에 나가니 밤하늘은 맑고 달과 별이 빛나고 있다. 파란창공에는 실개천 모양의 짧은 구름 한 조각만이 움직임을 멈춘 채 유유히 중천에 떠 있다. 지상에서는 강한 바람이 불고 있는데 천상에서는 고요한가 보다! 다시 숙소로 돌아와서 살며시 누웠다. 2시 30분이 될 때까지 시시각각으로 시간을 확인하면서 상상과 상념으로 2시간을 보내고 나니 출발시간이다.

곤하게 단잠을 자고 있는 아들을 조심스럽게 깨우니 순발력

있게 벌떡 일어난다. 오랜 직장생활에서 비롯된 감각에 기인한 것이다. 우리 부자는 부지런히 배낭과 짐을 챙기고 각자 준비한 손전등small flash lighter을 이용하여 한 발자국, 한 걸음 아주 조심스럽게 발을 옮겼다. 불어오는 강한 바람은 한결같다. 하기야 지리산에서 바람을 빼고 나면 지리산의 매력이 없는 것이지? 때로는 길고 때로는 짧은 가파른 돌계단과 철로 된 가파른 계단을 오르기도 하고 암벽을 오르내리기를 반복하다 보니 정상 천왕봉 바로 밑이다. 시계는 새벽 04시 45분, 어둠이 서서히 걷히고 있다. 동쪽 먼 하늘이 붉은 색조로 물들기 시작하고 있다. 여명이 시작된 것이다. 여명의 불그스레한 빛을 받으며 막 꽃잎을 피우고 있는 철쭉과 진달래의 수많은 꽃망울이 청순하고 예쁘다. 저 아래 작은 산봉우리에는 기암과 괴석들이 여명의 빛을 받아서 주목나무와 구상나무들과 절경을 이루고 있다. 신비스럽기까지 하다. 아! 신비스러움이여! 잠시 마음이 숙연해진다. 그리고 이미 마음은 정상에 가 있고 조급한데 발걸음이 마음과는 달리 무겁다. 드디어 지리산 정상인 천왕봉(해발 1915.4m)에 발을 딛는 순간이다. 가슴이 마구 고동치고 있다. 가벼운 전율을 느껴서 숨이 가쁘고 가슴이 벅차다. 나는 드디어 해냈다. 나는 억겁의 세월 동안 침묵을 지키며 세상을 굽어보는 듯이 우뚝 솟아 있는 천왕봉 정상에 서 있는 것이다!

정상에서 부는 바람은 정말로 대단하다. 마치 유령이라도 지나가는 듯이 큰 소리를 내며 불어대고 있는 지리산 천왕봉의 바람은 천지를 흔들 것만 같다. 한순간 자연에 대한 두려움조차 느끼게 한다. 자연은 인간에게 말 못할 사연을 바람으로 대신하려는가? 정상정복의 기쁨이 다시 숙연해지는 순간 갑자기 "와우!"하는 함성이 귓전을 울린다. 정상에 모여 있는 많은 등산객들의 탄성이다. 지평선 저 너머에서 황금빛 태양이 막 솟아오르고 있었다. 아! 장엄한 일출의 광경이여! 나는 저 장엄한 일출 광경을 보려고 얼마나 학수고대하였는가? 하기야 지리산의 일출 광경을 보려면 3대가 덕을 쌓아야積善 볼 수 있다고 하는데! 지리산의 제1 비경인 천왕봉의 일출 광경! 나는 이를 벅찬 가슴으로 바라보고 있는 것이다. 얼마나 행복한 순간인가? 얼마나 황홀한 순간인가? 일출의 황홀한 순간이 지나자 많은 등산객은 각기 자신들의 갈 길을 찾아 뿔뿔이 흩어지고 있다. 우리 부자는 백무동 코스 방향으로 접어들어 하산하기 시작하였다. 새벽바람과 찬 공기에 취하여 하산을 하다 보니 고사목지대 제석봉이다. 낙뢰다발지역이란 표지판이 있다. 어린 주목나무 사이로 아직까지도 외롭게 남아 있는 몇 개의 고사목을 보는 순간 세상 사람들이 시시비비를 가리며 언성을 높이고 때로는 거드름을 떨며 살고 있는 것이 얼마나 부질없는 것인가 하는 것을 생각하게 만든다. 점점 발걸음이 무거워짐을 느낀다.

가까스로 장터목대피소에 도착하였다. 이곳에서 큰아들이 준비하여 온 햇반으로 늦은 아침 식사를 하고 후식으로 커피까지 마시며 얼마 간의 휴식을 취하였다. 휴식을 취하는 동안 어제 출발을 하기 전에 양쪽 무릎 관절염증 예방을 위해 일명 파스 "캐토프로펜 플래스터plaster"를 새것으로 교체하였다. 긴장이 풀렸다. 피로가 겹친 탓일까? 주저앉아서 마냥 쉬고 싶다. 그러나 하산을 하려면 6.4km의 긴 여정을 마쳐야 한다. 하산이 시작되었다. 몹시 피곤하지만, 어찌 되었든 백무동 버스종점까지는 완주해야 한다. 몸도 발걸음도 몹시 무겁다. 발걸음이 점점 느려지고 있다. 앞서가던 큰아들이 자주 뒤를 돌아보며 "무릎이 괜찮으시냐?" 물어 온다. 아버지가 걱정되는 모양이다. "나는 아직 건재하니 걱정하지 말라!"라고 말을 하긴 하였으나 왼쪽 무릎관절에 작은 고통과 무릎이 시려 오기 시작한다. 그리고 순간 주저앉아 마냥 쉬고 싶은 생각이 자꾸만 나를 유혹한다. 그러나 '등산이란 고통과 힘든 것을 참는 것이다'라는 생각을 평소에 해 왔기에 '나는 해 낼 수 있고 해 낼 수 있을 것이다'라고 마음 다짐을 해본다. 산을 오르는 것보다 항상 하산이 어렵다는 것을 잘 알고 있기에 아주 천천히 그리고 아주 조심스럽게 한 발자국 한 발자국 발을 옮겨놓았다. 그리고 드디어 백무동 버스종점에 도착하였다. 이렇게 해서 우리나라에서 두 번째로 높은 지리산 천왕봉(1,915.4m) 정상을 정복하였고 1박2일 간의 일정으로 16.2km나 되는 대장정大長程의 지리산 산행을 마무리하였다. (2009년 5월 13일~14일)

(계간 참여문학 2009년 가을호 『글맛 39호』에 발표하다.)

해금강과 외도 섬 여행

행운의 여신Goddess of lucky은 항상 승자의 편에 있는 것일까? 사람들은 국내외로 힘든 여행traveling을 하거나 들과 산을 걸으며 산책tressing을 하거나 등산climbing을 한다. 그 이유는 안락한 일상 생활에서 오는 지루함과 무료함을 달래기 위함이다. 또한 직장 생활에서 오는 매너리즘에 빠지지 않기 위하여 전혀 알지 못하는 새로운 세상을 만나기 위해 긴 여행을 떠나기도 한다. 미지의 세상으로 떠나 보면 때로는 고통이 있고 때로는 어려움을 겪게 된다. 그러나 미지의 세상에서의 느낌은 세상이 새롭게 보이기 때문에 새로운 생각과 새로운 마음이 생긴다. 외국여행을 하는 동안 많은 고생을 겪고 난 후에 강한 애국심이 생긴다든지 국내여행을 하면서 고생을 한 후에 가족의 소중함과 안락한 가정의 소중함을 절실히 깨닫는다. 수년 전 생전 처음으로 처제네 가족들과 울릉도 여행을 한 이후에 언제가 될지 모르지만 남해 바다의 금강산이라고 불리는 해금강과 외도* 섬 여행을 해야지 생각하고 있던 차에 이번에 우연하게 기회가 왔다. A여행사에서의 7월 17일 제헌절기념 특별 1일 코스 기획상품gimmick이 있기에 사전에 예약하였다.

회갑과 진갑을 보낸 나이를 먹었지만 오랜만에 섬 여행을 한다는 생각에 여행 전날 밤잠을 설치고 아침 식사로 누룽지 끓인 것으로 간단히 요기하고 이른 새벽 출발지인 서울 양재 서초구청 정문 앞에서 버스를 기다리다가 오전 7시에 전용버스에 승차하였다. 버스는 경부 고속도로 망향휴게소에서 잠시 쉬고 질주를 한다. 망향휴게소를 출발한 지 1시간이 지나자 볼일이 보고 싶어진다. 다음 함양휴게소에서는 주차하겠지? 꾹 참고 있으려니 웬일인가? 맙소사! 버스는 함양휴게소를 그냥 지나친다. 함양휴게소에서 다음 산정휴게소까지 거리가 33km. 시속 100km로 주행한다고 하여도 20분? 점점 심하게 아랫배가 뻐근하여 온다. 1분이 여삼추 같다. 그러나 달리 어쩔 도리가 없다. 등줄기에서 진땀이 흐른다. 장거리 여행 시 가능한 한 커피나 물을 마시는 것을 절제해야 하는 것을! 이것을 깜박 잊은 것이 이토록 큰 고통을 받고 있다. 후회해도 소용없다. 급기야 나는 통로로 나와 운전기사에게 급하니 다음 산청휴게소에서 필히 쉬었다 가자고 부탁하였다. 운전기사는 그리 하겠노라! 말을 한다. 달리고 있는 버스 출입문에 기대고 서서 있다

---

* 註 : 외도(外島)의 주인공 故 이창호 씨는 1934년 평남 순천출생, 14 후퇴 맨손으로 월남하여 고려대 수학과를 졸업하고 8년간 교직 생활을 하였으나 이를 접고 사업가로 변신하여 성공하였다. 부인 최호숙씨는 1936년경 기도 양주출생으로 서울 사범을 거처 성균관대국문학과 이화여대 대학원을 졸업 18년간 초교 교사로 재직한 후 사업가로 변신하여 현재 이곳에서 부군의 유지를 계승하고 있었음.

가 버스가 주차를 완료하고 차 문이 열리자마자 나는 해우소를 향하여 달음질하였다. 고통을 주었던 볼일을 마치자 그 상쾌함이란 하늘을 나는 기분이다. 버스가 경상남도 통영 톨게이트를 통과하고 거제 대교를 건너고 있는 동안 푸른 바닷물과 동백나무, 해송 대나무 숲을 바라보니 가슴이 다시 설레인다. 거제시에서 외도행 유람선을 타고 선장의 해설을 들으며 사람이 살고 있지 않는 작은 섬 해금강을 바라보니 신비스럽기만 하다. 유람선은 해금강 주위를 빙 돌며 관광을 시킨 후 바로 환상의 섬 외도Oedo로 향한다. 마침내 유람선이 외도 선착장에 도착하고 외도 섬에 첫발을 내딛는 순간 이곳은 '인간이 만든 지상의 천국인가, 아니면 지상의 낙원인가?' 하는 생각이 머리를 스친다. 840여 종의 꽃과 상록수목 그중에서도 워싱턴 야자수, 대나무, 동백, 향나무 등이 나의 눈길을 끌었고, 수국과 선인장, 나리꽃이 필자의 눈길을 사로잡는다. 검은 화산암 바위와 푸른 바다가 조화를 이뤄 이국적 풍경을 연출해 내고 있다. 그리고 이렇게 천상의 화원을 만든 주인공이 바로 전직 부부교사라는 사실에서 다시 놀랐다. 주인공 부부교사는 공무원이라는 안정된 직업을 포기하고 서울 동대문에서 의류 원단사업가로 변신하여 많은 돈을 벌었고 외도와 인연을 맺은 이후 유관기관을 잘 활용하여 거제등기소로부터 외도 소유권을 이전받아 등기하였다. 당시 거제군 군수로부터 관광농원 사업을 신청하여 조성을 하고 공원점유사용 허가를 받았다. 이후 건설부, 전 문화관광부 정부 유관기관을 잘 활용하여 외도 해상조경 식물원(박물관법)으로 등록을 필하였다. 행운의 여신은 항상 지혜가 있고 능력이 있는 사람을 찾는가 보다.

왜냐하면, 행운의 여신이 지혜가 있는 전직 부부교사에게 찾아와 동행하며 지상에서 가장 아름다운 걸작품을 만들도록 도움을 주었다는 생각을 하기에 그렇다. 행운의 여신은 약자가 아닌 항상 강한 자 편에 있다는 생각을 이곳 작은 환상의 섬 외도에서 해 본다.

(계간 참여문학 2009년 봄호 『글맛 37호』에 발표)

홍도, 흑산도 섬 여행

겨울 한파가 기승을 부리고, 겨울 가뭄이 지속되고 있다. 이러한 이상기후 현상 때문일까? 소와 돼지에 바이러스 질병의 하나인 구제역이 전국적으로 확산되어 발병이 의심되고 발병 확증을 받은 300만두 이상의 소와 돼지가 땅속에 매몰 형식으로 처리되고 있다. 젊은 사람들이 모두 농촌을 떠나고 고령의 사람들만 남아 있는 농촌지역에서 축산은 그나마 젊은 사람들에게 희망이 되어 왔다. 이제 농촌은 젖과 꿀이 흐르고 맑은 시냇물이 흐르는 낙원의 땅이 아니다. 생존에 필요한 먹거리를 마련할 수가 없는 농촌은 축복의 땅이 아니라, 버림받은 땅으로, 저주받은 땅이 되어 가고 있다. 소득원이 없는 농촌지역에서 축산업은 일부 농가에 높은 소득을 주었던 탓에 농촌에서 좀 배웠다고 하는 농가는 너나 할 것 없이 소, 돼지, 닭, 개를 다두밀식으로 사육하여 왔다. 지난 세월 일반농사에 비해 비교적 높은 소득을 얻었기 때문이다. 이제 소와 돼지, 등 가축을 기르며 생계를 유지하던 농가도 절망의 늪에서 눈물을 흘리고 있다. 인생에 있어서 영원히 지속하는 것이 없다는 경구의 말이 회상되며 마음을 우울하게 하고 가슴을 답답하게 한다. 좁은 땅에서 생존하기 위하여 너도나도 가축사육을 다두밀식의 형태로 안이한 사육을 한 것이 원인이지만, 이상기후가 한몫을 하였을 것이라는 생각도 해 보지만 위안이 되지 않는다. 모든 사람에게 삶이란 무거운 짐이다. 무거운 짐을 지지 않은 자 누가 있으랴! 농촌은 1970~1980년대(20년간) 농경시대에서의 화려한 농경문화시대는 이제 막을 내렸다. 이제 농촌은 고령자들의 집단사회가 되었다. 농촌 지역은 무거운 삶에 지친 고령자들이 경로당에 모여서 삼삼오오 모여앉아 심심풀이로 화투장이나 뒤지고 때로는 침묵의 담배 연기만을 내뿜고 있는 일그러진 얼굴과 모습들이 실루엣이 되어 춤추는 곳이다. 모든 사회현상이나 사물은 한쪽으로 가다가 극極점에 달하면 반대편으로 되돌아가는 것이라는 우주의 법칙을 생각하게 하지만 답답한 마음은 모든 것을 접고 훌쩍 여행이나 떠나고 싶은 강한 충동을 느낀다. 음력으로 설 명절이다. 민족의 큰 명절이지만 즐겁기는 커녕 우울하고 가슴이 답답하다. 사전에 다른 지역에 살고 있던 가족들과의 만남의 시간을 구정이 아닌 다른 날로 갖기로 조치를 하고 구정 당일 필자는 아내와 함께 서울로 향하였다.

자연 그대로의 섬 홍도와 흑산도를 여행하기 위해서이다. 지금 이 순간만은 추운 겨울이지만 바다가 그리워지는 것이다. 답답한 마음이기에 그렇다. 그래서 요즘 바다가 무척이나 그

립다. 우리 내외는 지금 목포로 향하는 전용버스에 앉아 있다. 구정 명절 연휴 기간이라서 하행선 고속도로는 한가롭기까지 하다. 서울에서 출발한 버스는 정안휴게소와 함평휴게소에서 잠시 휴식을 취하고 4시간 30분 만에 항구도시 목포에 도착하였다. 점심식사를 백반 정식으로 하고 오후1시에 목포 발 홍도행 "남해 퀸" 쾌속정 훼리호(정원 345명)에 승선하였다. 2시간30분 동안 망망대해를 항해하고 나서야 서산에 지고 있는 태양에 의해 붉은 색조의 빛을 안고 있는 홍도에 도착하였다. 홍도에 첫발을 내딛는 순간 탄성이 절로 나왔다. 홍도는 전남 신안군 흑산면 홍도리에 속하며 1981년도에 다도해 해상국립공원으로 지정되었다. 홍도에 도착하여 바로 고치산 깃대봉(365m)을 트레킹 하였다. 수많은 계단을 오르는 동안 동백나무 숲을 만나기도 하고 풍란과 이름도 모르는 희귀식물도 관찰하였다. 홍도에 어둠이 몰려온다. 홍도에 사는 대부분의 주민들은 구정 설 명절을 육지에서 보낸다고 안내원이 말한다. 명절연휴라 대부분의 호텔이나 모텔, 여관의 불이 꺼져 있다. 한적한 홍도가 적막감마저 든다. 우리 부부는 저녁식사를 마치고 부두가로 나왔다.

홍도부둣가의 밤 공기가 매우 차갑게 느껴지는 순간이다. 그래서 홍도의 부둣가 포장집을 기웃거리니 손님으로 만원이다. 반대편 부둣가로 발걸음을 옮겼다. 반갑게 맞이하는 포장집 주인에 이끌려서 한구석에 자리를 잡고 앉았다. 우리부부가 첫 손님이다. 시간이 흐르자 많은 손님이 들어오고 그중에 중년부부가 합석을 제안한다. 모두 서울에서 홍도로 여행을 온 사람들이다. 낯선 사람들이지만 술좌석에서만은 나이에 구애됨이 없이 벗이 되고 친구가 되는 것이다. 바다 해삼과 전복을 안주 삼아 삶의 애환이 서린 소주를 마시는 동안 분위기는 한층 고조되었다. 내륙에서 쌓여서 우울하였던 모든 것들이 일순간에 사라진다. 우울하거나 슬퍼지면 부부가 아니면 혼자라도 여행을 떠나자! 세상은 이렇게 즐겁고 아름답지 아니한가? 훈훈한 정이 넘치는 포장집에서 행복한 시간을 보내고 배정받은 숙소로 돌아왔다.

여행 이틀째 되는 날이다. 6시에 아침 식사를 하고 7시 30분, 홍도 유람선 관광이 시작되었다. 오랜 세월 폭풍과 파도가 홍갈색의 규암질 바위를 자르고 조각한 기묘한 형상을 한 절묘한 기암과 괴석의 바위들을 보는 순간 황홀경에 빠져든다. 지금 이 순간 바라보고 있는 신비스런 바위들은 인간이 아닌 신이 만든 예술 바로 그것이다. 필자 부부는 지금 이 순간 예술의 세계 비잔티움의 세계를 여행하고 있는 착각에 빠지고 말았다.

먼 옛날 푸른 바다 깊은 곳 용궁에서 살았던 원숭이가 이곳 홍도로 소풍을 나왔다가 경치에 취하여 용궁으로 돌아가지 않고 남아 있다가 바위가 되었다는 원숭이 바위의 전설이 있을 정도로 아름다운 홍도. 홍도를 둘러싼 남문바위, 만물상바위, 탑바위, 홍도의 수호신으로 알려진 거북바위, 그리고 공작새 바위, 기둥바위, 주전자 바위 등을 차례로 관광하는 동안 갈매기들과 가마우지들이 우리를 환영하듯 우리 내외가 승선하고 있는 유람선을 계속하여 선회하고 있다. 이 순간 내 마음속에 있었던 세상사 모든 시름과 안달, 초조, 비웃음이 사라지고 생에 대한 기쁨과 감사함으로 충만해지고 있다. 2시간 30분 간의 유람선 관광이 끝나고 곧바로 흑산도로 향하였다. 흑산도에 도착하여 현지 안내자의 안내로 칠락산(260m) 트레킹을 하였다. 울창한 동백나무 숲을 통하여 조잡한 산책로를 따라 정상까지 올랐다. 하산을 하여 작은 민박 식당에서 백반 정식으로 중식을 하고 바로 흑산도 버스관광을 하였다. 해설자의 구수한 입담으로 흑산도의 관광 해설을 들으니 즐겁다. 현지 가이드의 많은 해설 중에서 다음과 같은 말이 가슴에 와 닿는다. 흑산도 주민의 삶의 방식이다. 흑산도에는 12개 마을이 있으며 그 중 7개 마을은 양식업으로 고소득을 올리고 있고 5개 마을은 미역, 다시마, 전복 해산물 채취와 홍어, 그리고 멸치잡이로 생계를 꾸려나간다고 한다. 왜, 5개 마을은 양식업을 못하는가? 폭풍과 파도 때문에 양식업이 불가능하다는 현지 해설자 말이다. 그렇다. 그래서 그런 이유로 지역 특산물이 생기는 것이다. 바로 인류의 문화는 자연환경에 의존하고 있다는 것이며 자연 환경을 지역 여건을 지혜롭게 활용하는 사람만이 생존게임에서 살아남는다는 교훈을 이번 홍도와 흑산도를 여행하면서 확인하는 기회가 되었다.

(2011년 2월 4일~5일. 1박 2일 일정)

제주도, 마라도 섬 여행

정원에 심어놓은 상사초가 검은 대지를 뚫고 파란 새싹들을 쏘옥 내밀고 생강나무가 노란꽃망울을 터뜨리며 향기를 강하게 발산시키고 있다. 밝은 햇살이 따스함에 생동하는 봄기운을 느끼니 봄이 되기는 하였는가 보다. 파란 하늘과 밝은 태양을 보니 불현듯 독수리같이 파란 창공을 훨훨 날고 싶다. 신[god]이 나의 이러한 마음을 알았을까? 엊그제 청미 새마을금고로부터 한 장의 초대장을 받았다. 자산 300억 달성 기념행사에 참석하라는 초대장이다. 행사 장소가 제주도이다. 더욱이 경비 50% 자부담으로 부부가 함께 참석하는 조건이다. 비행기를 탑승하고 그리고 제주도 여행을 할 수 있는 절호의 기회이다. 오늘 이른 새벽 배정받은 버스에 승차하였다. 참가 인원이 120명, 3대의 버스에 나눠서 타고 청주 국제공항으로 출발하였다. 버스는 새벽 어둠을 뚫고 중부고속도로를 막힘없이 달려서 오창 톨게이트를 빠진다. 차창 밖을 내다보니 동쪽하늘에서는 이

제야 붉은 태양이 막 솟아오르고 있다. 이른 아침이라서 공항은 북적댐이 없다. 탑승 절차를 마치고 2층 대기실에서 활주로를 내려다보니 20년 전 생전 처음으로 처제네 식구들과 함께 김포공항에서 제주도행 비행기를 탑승하였던 추억이 되살아난다. 이번이 두 번째 제주도행 비행기를 타는 셈이다. 자신이 비지니스맨도 아니고 외국여행을 다니지 않은 탓이긴 하지만 여하튼 그렇다.

오랜 세월이 지나서일까? 제주도 하면 아직까지 추억에 남아있는 것이 제주 돌하르방과 한천 하류에 인접해 있는 용의 머리와 비슷한 높이 30m의 기이한 형상의 용두암 화석, 그리고 성산 일출봉을 트레킹 한 것 이외는 제주도에 대한 추억이 가물가물하다. 그만큼 제주도에 대해서 생소하다. 물론 여행이란 생소한 곳을 호기심 때문에 하는 것이기는 하지만 말이다. 비행기 내에서 잠시 눈을 감고 휴식을 취하며 사색을 하는 동안 눈 깜짝할 사이에 이미 제주도 국제공항에서 착륙을 시도하고 있었다. 공항 출입구를 나오자 3대의 관광버스가 공항 광장에서 대기하고 있다. 회원들이 모두 승차하자 버스가 시내 방향으로 한동안 주행하고 있다. 오른쪽 방향에 지상 5층 3,500석의 규모를 갖춘 제주 국제컨벤션센터 건물이 화려함을 자랑하듯 건물 유리창이 눈부신 햇살을 반사하고 있다. 제주도는 2005년 1월 세계평화의 섬으로 지정되었고, 2006년도 7월에는 제주시와 서귀포시 2개의 시가 행정구역을 가진 특별자치도가 되면서 외교국방을 제외한 모든 정책을 중앙정부의 간섭없이 제주 자체적으로 기획하고 집행하고 있다 한다. 제주도의 많은 변화의 물결을 보면서 상당한 발전을 하고 있다는 생각이 들었다. 제주도 여행은 돌하르방, 노란 밀감이 달린 밀감나무, 곳곳에 핀 노란 유채꽃, 그리고 밀감나무 방풍림으로 심어놓은 삼나무, 밭과 무덤 주위에 설치한 현무암의 울타리, 작고 검은 조랑말을 보는 순간부터 그리고 안내양의 다음과 같은 인삿말 "오젠 하난 폭삭 속아수다(오느라고 수고하셨습니다)"라는 제주도 방언의 말을 듣는 순간부터 제주도에 온 것을 실감한다. 버스가 숲의 터널이라는 닉네임이 있는 5·16도로로 주행하고 이어 도로를 바꾸니 한 폭의 그림 같은 풍경이 전개된다.

T회사의 잘 손질된 광활한(17만 평) 녹차나무 밭이다. 잠시 후 버스가 정차한다. 가마오름에 위치한 평화 박물관이다. 태평양전쟁 당시 일본군대가 주둔했던 지하 요새를 어느 개인이 박물관으로 건립한 것이다. 한국국민이 일본군대에 징용되어 땅굴 진지구축을 하였다는 것이다. 이곳에서 받은 나의 느낌은 국가지도자가 무능하면 국민이 핍박을 받는다는 사실뿐이다. 제주도 옥돔으로 점심을 먹으며 반주로 소주 한 잔을 마시니 씁쓸하였던 마음이 바로 즐거운 마음으로 바뀐다. 버스는 최남단에 있는 마라도 관광을 위하여 포슬포항으로 향한다. 버스가 포슬포항에 도착하자 유람선이 대기하고 있다. 회원들이 승선을 마치자 유람선은 파도가 없는 잔잔한 비치 색의 바다 물결을 가르며 항해한다. 파란창공과 비치색의 바다가 만나서 경계가 불분명한 미지의 세계, 선계仙界로 여행하는 느낌이다. 순간의 행복이다. 행복하다는 생각을 하는 동안 유람선은 어느덧 마라도에 도착하였다. 마라도는 네덜란드 하멜 일

행이 표류한 끝에 도착하여 생활한 것으로 알려진 작은(면적 0.3km) 섬이다. 섬에 오르니 이제껏 바람 한점 구름 한 점 없이 맑고 온화하던 날씨가 갑자기 구름을 몰려 오더니 바람이 강하게 불고 있다. 이래서 제주도가 바람이 많다고 하였나보다! 강한 바닷바람이 불기 때문일까? 대부분의 회원들이 포장 자전거를 이용하여 관광하고 있다. 우리 내외는 평생을 내륙에서 살아왔기에 파도를 보거나 섬의 바람을 느끼는 기회가 드물기에, 그리고 그러한 기회가 많지 않은 것을 잘 알고 있기에 섬의 바람을 마음껏 즐기기 위해 아내에게 해안 산책로를 따라 산책을 하자고 제의하자 아내는 쾌히 응낙한다.

억세게 불어대고 있는 섬 바람을 온몸으로 느끼며 비치색의 파도가 화산 용암으로 만들어진 가파른 절벽과 기암괴석과 바다가 만나 만들어내고 있는 하얀 물보라를 감상하면서 때로는 멀리 망망 바다 파도에 넘실대는 어선인가, 유람선인가? 아름다운 모습도 때로 보면서 해안선을 1시간 동안 산책하였다. 육지에서만 살아왔기에 이러한 절경을 보는 기회가 극히 드물었기 때문일까? 바람, 검고 구멍이 있는 용암, 파도, 깊고 깨끗한 바닷물, 모든 것이 신비롭다. 시간이 되어 아쉬움을 남기고 포슬포항 귀환 유람선에 승선하니 선장이 껄껄 웃으며 농담 한 마디를 한다. “모든 승객의 머리가 폭탄을 맞은 것 같네요.” 마라도 섬의 강한 바람에 회원들의 머리카락이 몹시 엉클어진 모습을 비유해서 하는 말이다. 유람선이 거친 파도를 헤치며 질주를 시작한다. 파도로 인해 유람선이 요동한다. 얼마 되지 않아 이곳 저곳에서 웅성거림이 있다. 뱃멀미? 나 자신도

어지러움과 메스꺼움이 시작되고 있다. 이때 갑자기 바다고기를 잡는 어부들의 수고가 생각이 드는 순간이다. 한 토막의 생선에 어부들의 피와 땀이 배어 있다는 생각을 하게 되었다. 감사한 마음으로 먹어야겠다는 생각을 하게 한다. 숙소에 도착하여 대연회장에서 개최되는 기념행사에만 참석하고 2부 행사(장기자랑)를 뒤로하고 6층에 배정된 방으로 돌아와 샤워를 한 뒤 제주도에서의 첫날밤 일찌감치 잠자리에 들었다.

제주도에서의 둘째 날이다. 오늘도 온화하고 태양은 밝게 빛난다. 첫 탐방코스가 폭포물이 직접 바다로 떨어지는 높이가 23m의 정방폭포의 비경을 감상하는 것으로 시작되었다. 이어서 100만 년전 화산폭발로 섬의 모습이 바뀔때 생긴 것으로 알려진 파란 바닷물 위에 우뚝 솟은 일명 장군바위, 높이가 20m, 둘레가 10m되는 외돌개lonely rock바위를 감상하였다. 이어서 검은 현무암에 제주도의 자생식물과 제주 한란을 부착시켜서 제주특산품으로 개발한 석주작품, 산삼을 인공배양하여 소득으로 연계하려는 연구와 상품개발에 노력을 하는 석부작 테마공원 관람을 마치니 어느덧 점심시간이다. 고등어조림으로 중식을 마치고 바로 테마파크 소인국을 둘러보고 이어 조선초기 불교 양식으로 건축되었다고 하는 제주도에서 가장 큰 약천사 사찰에 들려 범종과 사찰을 관람하였다. 이곳에서 한 컵의 약수를 마시니 여행에서 쌓인 피곤이 가시는 듯하다. 숙소로 돌아오는 도중에 버스가 일정표에 없는 코스인 옛날 사찰 옆에 약수가 있었다고 하여 이름 붙여진 '절물자연휴양림'으로 들어선다. 여행사의 보너스 관광(?)이다. 입구에서부터 하늘을 찌를 듯 쭉쭉 뻗은 40여 년생의 삼나무Japanese cedar에서 발산되는 맑고 깨끗한 공기를 심장 깊숙이 심호흡하면서 산책로를 따라 산책을 하노라니 이곳 저곳에서 기쁨을 주는 꽃으로 잘 알려진 복수초의 노란 꽃송이가 우리 일행을 반긴다.

오늘은 제주도에서의 3일째 되는 날이다. 오늘도 어제와 마찬가지로 온화하고 밝은 태양이 빛난다. 일출랜드에 들어서자 하늘높이 내뿜고 있는 분수대 물줄기와 종려나무, 야자수, 소철, 선인장, 산사영나무 그리고 빨간 꽃송이를 내밀고 있는 동백나무가 우리 일행을 반긴다. 이국적 분위기가 있는 푸른 숲 공간의 산책로를 따라 산책을 하고 있노라니 정신이 맑아지고 기분이 좋아지고 상쾌하다. 이어서 버스는 성읍민속마을로 향한다.

민속마을에 도착하니 커다란 돌하르방이 우리 일행을 맞이한다. 중년의 남성 자원봉사자의 구수한 제주도방언이 섞인 해설을 듣고 있으려니 제주도민의 한이 맺힌 삶의 애환과 따스한 마음을 보는 것 같다. 세계 어느 어촌도 마찬가지이겠지만 사랑하는 가족들을 부양하기 위하여 자신이 죽을 것을 뻔히 알면서도 파도가 거센 바닷가로 고기를 잡으러 나가야만 했던 남자들의 숙명! 그리고 풍랑이 사랑하는 남편의 생명을 앗아가 원망스러운 망망대해지만 원망할 수 없는 바다. 날이 밝으면 다시 고기를 잡으러 나가야만 했던 운명적인 삶이라서 더욱 바다를 원망할 수 없다. 바다를 넋이 빠진 사람으로 바라보아야만 했던 좌절감에 빠진 가족들의 삶의 터전 바다, 고기를 잡으러 바다에 나가서 돌아오지 않는 남편이 없는 가정에서 가족을 부양하기 위해 해녀가 되어야만 했던 제주도 아낙네들의 설움과 외로움에 지치고 지친 남편에 대한 한恨은 급기야 남자가 그토록 그리워 남성을 상징하는 돌하르방에 의지하고, 숙명적인 삶을 살아야 했던 섬 여성들의 애환이 맺힌 곳 제주도. 이 때문에 남쪽지방에서는 남자가 부족하고 북쪽지방에서는 여자가 부족하여 남남북녀南男北女라는 말이 제주도 때문에 생겼다는 것을 생각하게 만든다. 육지에 사는 사람들도 어찌 애환이 없으련만 제주도 섬에서 사는 사람들만큼이야 하였겠는가?

(2008년 3월 14일~16일)

한려수도閑麗水道 (경상남도 통영시)*

만물이 소생하는 봄에서 여름으로 들어서는 길목의 달 6월을 장미roses의 달이라고 부르는 사람이 있다. 6월June은 로마의 최고의 신 주노Juno에서 어원을 찾을 수가 있는데 로마의 신 주노의 아내가 어질고 고상한 미인이었기 때문에 6월은 '고상하고 어진 미인의 달'이라는 상징성이 있다. 사실 6월은 장미꽃같이 정열적인 태양이 비치는 달이 아니다. 그래서 춥지도 덥지도 않은 은근미가 있다. 아마 그런 이유에서 고상한 미인의 달로 부르는가 보다. 여하튼 6월은 여행을 하기에 좋은 달이다. 지난 5월 장인어른 생신을 축하하는 자리가 있었다. 그 자리에 참석한 동서들과 대화를 하는 중에 동서 식구들과 함께 여행하기로 의견이 있었다.

그날이 바로 오늘이다. 서울 구로구 고척동에 사는 둘째 동

* 한려수도(閑麗水道) : 경상남도 통영시 부근에서 충무, 삼천포로 빠져서 남해를 거쳐 전라남도 여수에 이르는 물길을 한려수도라고 말하며 1968년 해상공원으로 지정되었다. 한려(閑麗)라는 말은 우아하고 곱다는 의미이며 수도는 물줄기로 한려수도라는 말은 매우 아름다운 물줄기라는 뜻이다.

서 내외가 자신의 차량(9인승 카니발)으로 용인에 사는 다섯째 동서 내외를 동승시키고 필자가 사는 이곳 금당리로 와서 이천 시내에 사는 셋째 동서 내외와 필자 부부를 동승시키기로 사전에 약속되어 있었다. 밤나무꽃 향기가 그윽한 6월 동서네 식구들과 함께 여행하는 것 자체만으로도 즐겁다. 중부 내륙고속도로를 이용하여 4시간 정도 걸려서 경상남도 통영시에 도착하였다.

통영시 여행은 이번이 처음이다. 시계바늘이 오후 1시를 넘었다. 점심시간이 지난 것이다. 용인에 사는 다섯째 동서가 "이곳에서 민물장어의 맛을 보아야 하지 않겠느냐?"며 의중을 묻는다. 모두 동의한다는 의미에서 침묵으로 대신한다. 우리 일행은 창원시 마산시 함포구 진동면 사동리에 소재한 민물장어 명가로 향하였다. 이곳에서 민물장어의 맛을 한껏 즐겼다. 민물장어를 안주 삼아 삶의 애환이 서린 소주 한 잔을 나누니 이보다 더 큰 즐거움이 있으랴 싶었다. 역시 여행은 우선 먹는 즐거움이 있어야 여행의 멋이 있다.

이제 우리 일행은 통영시 미륵도 중앙에 우뚝 솟아 있는 미륵산(해발 461m)으로 향하였다. 미륵산은 산림청에서 선정한 한국의 100대 명산에 들어 있는 산이기도 하다. 미륵산 정류장에 도착하였다. 통영한려수도 케이블카를 탑승하기 위해서 케이블카 왕복탑승권(1인 9천원)을 구입하고 기다림 없이 8인승 곤돌라에 승선하였다. 눈 깜짝할 사이 미륵산 정상에 있는 전망대에 도착하였다. 2선식 곤돌라 47대가 쉼없이 1,975m 거리를 왕복하고 있는 모습이 장관이다. 전망대에서 한려수도를 내려다보니 바다 위에 선박과 많은 작은 섬들이 어우러진 한려수도가 한 폭의 그림과 같이 눈앞에 다가선다. 통영시가 이처럼 아름다운 비경이 있었기에 이중섭 화가, 박경리 소설가, 유치환, 김춘수 시인, 윤이상 작곡가, 김상옥 시조시인 등 우리나라에서 이렇다 하는 많은 예술인의 흔적이 있었구나 싶었다. 한려수도의 비경에 취하여, 아니 압도되어서 발걸음이 좀처럼 떨어지지 않는다. 그러나 인생이란 나그네의 길이 아닌가? 다시 나그네의 길을 떠나야 한다. 우리 일행은 다음 목적지 경상남도 거제시로 향하였다. 처가 막내 외삼촌이 거제시 고현동에서 남원 추어탕 집을 경영하고 있기 때문이다. 그래서 이번 기회에 방문하기로 하였다. 오후 7시 우리가 처외삼촌댁 대문을 열고 들어서자 처 외삼촌 내외분이 우리를 반갑게 맞이한다. 식당 식탁에는 이미 푸짐하고 먹음직스러운 추어숙회가 한 상 가득하게 차려 있었다. 인사를 나누고 바로 진미 추어숙회의 별미를 맛보는 순간이 되었다. 야채와 갖가지 양념이 믹서가 된 데에 미꾸라지가 간간이 있는 추어숙회를 안주 삼아 처가 삼촌과 대화를 하면서 소주를 마시니 여행에서 오는 피로가 싹 가시고 마음이 무척이나 즐겁다. 인생을 살아가면서 이러한 즐거움이 있기에 삶이 힘이 들고 고통이 있지만 살아가는 것이 아닌가? 취기가 오르자 여행에서 오는 피로감이 엄습하고 졸음이 온다. 식당에 정렬된 식탁을 한쪽으로 밀어내니 간이침실이 되었다. 여관방 보다는 불편함이 약간 있었지만, 이것도 추억이 되지 않는가 싶었다. 바다모기가 극성을 떨고 있다.

바다모기의 사람에 대한 공격은 육지에서 사는 모기와 별반 다른 것이 없었다. 다음날 아침이 밝았다. 외숙모님께서 아침 식사로 춘향골 남원 추어탕을 준비하였다. 외숙모가 사랑과 정성으로 준비한 식사이다. 추어탕으로 아침 식사를 맛있게 즐기고 잠시 휴식을 취하였다. 그리고 기념사진을 촬영하였다. 이어서 외삼촌 내외분께 풍성한 대접에 대한 감사의 말씀을 드리고 서둘러서 외삼촌 댁을 나와 다시 통영시로 향하였다. 통영시에 도착하여 중앙 수산물시장에서 선물용 건어물을 구매를 하고 나니 점심시간이다. 남해바다까지 왔으니 신선한 바다 생선회 맛을 즐겨야 되지 않겠는가 하며 둘째 동서 내외가 분위기를 고조시킨다. 수산시장의 각 점포에는 살아 있는 싱싱한 바다 고기가 손님을 기다리며 펄떡거리고 있다. 그리고 점포 주인인 듯한 아주머니들이 전국 각지에서 오신 손님들을 친절하게 호객하고 있다. "신선한 바다 생선회 들고 가이소!" 우리는 호객을 뿌리치지 못하고 생선회를 즐기기 위하여 비교적 깨끗하다고 생각되는 식당으로 발걸음을 옮겼다.

(2011년 6월 11일~12일, 1박 2일)

경주시 가족여행

오늘은 즐거운 날이다. 왜냐하면, 경주로 가족여행을 떠나는 날이기에 그렇다. 우리 부부는 아침 식사를 일찍 끝내고 딸이 운전하는 승용차를 타고 중부내륙 고속도를 상쾌하게 달리고 있다. 아침 햇살은 싱그럽고 날씨는 화창하다. 11시에 칠곡 휴게소에서 아들네 식구들과 합류하기로 예정되어 있다. 이번 여행은 일개월 전에 천안에 사는 큰아들 내외가 아내의 회갑 기념 프로그램으로 기획한 특별이벤트 행사이다. 동기야 어쨌든 가족이 함께 여행한다는 것은 떨어져 사는 가족이 시간을 함께 보낸다는 기쁨이 있고 가족의 사랑을 나누는 기회가 된다는 점에서 의미가 있다. 큰아들 내외와 막내아들 내외에게 고마울 뿐이다. 충주와 문경, 상주를 지나니 화창하였던 날씨가 구름이 많아지고 음산하다. 봄이라서 날씨가 변덕스럽다. 예정시간보다 한 시간이나 미리 만남의 장소 칠곡 휴게소에 도착하였다. 휴게소에서 잠시 휴식을 하며 있자니 큰아들 부부 그리고 쌍둥이 손자들, 그리고 막내아들 부부가 탄 차가 도착하였다. 이곳부터는 11명의 가족을 태운 두 대의 차로 함께 경주시로 향하였다. 경주시내에 도착한 우리가족은 순두부 정식백반으로 경주에서 첫 식사를 하였다. 이어서 안압지와 첨성대, 천마총 관람을 마치고 숯불 돼지불고기 정식 백반으로 두 번째 식사를 하였다. 물론 삶의 애환이 서린 소주 한 잔씩 마시는 일은 빠트리지 아니하였다. 큰 며느리가 미리 두 개의 방을 예약한 K콘도에 도착하여 여장을 풀고 나서 곧바로 전 가족이 사우나탕에서 피로를 풀었다.

여행 이틀째 날이다. 시내 중심가에 있는 식당에서 콩나물묵 해장국으로 아침식사를 마치고 바로 감포항으로 향하였다. 감포 나정 해안가에는 마침 용왕제 행사가 진행되고 있었다. 많은 인파가 소원을 빌고 동시에 물고기를 바다에 방생하느라고 북적대고 있다. 현대판 토템신앙을 보는 느낌을 받았다. 감포항에서 싱싱한 활어회를 안주 삼아 소주 한 잔씩을 즐기고 매운탕으로 점심을 먹는 것을 빠트리지 않았다. 여행이란 우선 먹는 즐거움을 얻어야 제대로 하는 여행이 아닌가? 다시 경주로 돌아와서 석굴암과 불국사를 관람을 하고 나니 어느덧 해가 서산에 넘어가고 저녁식사 시간이 되었다. 경주에 와서 떡갈비 정식을 먹지 않고 귀가하면 후회한다고 큰며느리가 한 마디 한다. 그래서 오랜 시간을 기다려서 떡갈비 정식으로 저녁식사를 하였다.

여행 마지막 날이다. 새벽부터 봄비가 내리고 있다. 우리 가족은 일찍이 콘도에서 체크아웃하고 경주에서 유명하다는 우거지 해장국으로 아침 식사를 마치고 끝으로 경주박물관을 관람하기 위하여 출발하였다. 이렇게 하여 화려하게 경주여행을 마무리하고 귀갓길에 올랐다.

2박3일 동안 11명의 대가족이 이동하여 신라의 고도古都였던 경주에서 토색 음식과 경주의 다양한 별미 음식을 즐기고 고대유적과 유물을 관람하고 박물관을 탐방하였다. 비록 2박3일의 짧은 가족여행이나 화려한 여행, 아름다운여행, 추억이 있는 여행이었다.

1. 문화는 인간의 삶이다.

문화는 인간의 삶이다. 따라서 문화는 물론 가정구성원과 사회구성원의 사고방식과 신념까지지도 포함된다. 모든 가정이 가풍이 있듯이 지역사회에서도 전통과 풍습이 있다. 가풍과 지역사회의 전통과 풍습은 지역 문화이다. 이번 경주여행에서 천마총과 산봉우리 같은 수많은 신라 왕의 무덤을 보면서 그 당시 저 많은 거대한 왕의 무덤을 만드는데 국민들이 얼마나 많은 부역과 피와 땀과 눈물을 흘리며 고통을 겪었을까? 하는 연민의 생각을 하게 만든다. 그리고 이집트 기자Giza 사막에 있는 이집트의 왕Pharaoh=king의 무덤인 거대한 피라미드pyramid가 연상이 되어 지는 것이다. 통일신라시대의 문화는 불교문화이었다. 당시 세계는 고대 철학자 플라톤Platon이 주장한 영혼 불멸설과 이에 기초한 종교의 영향을 받아 고대사회의 문화를 형성하였다. 모든 종교가 그러하듯 불교도 영혼이 불멸한다는 이론과 영혼이 환생한다는 이론에 기초하고 있다. 그래서 신라 시대의 불교문화가 신라인들의 삶이 되었고 신라인들의 사고방식이 되었다. 신라가 고구려, 백제, 삼국을 통일한 거대한 힘cosmos will은 바로 불교의 힘이었다.

그 시대의 불교의 힘은 우주를 지배하는 신비한 생명력을 가진 것이었다. 통일 신라가 망하고 왕건이 고려를 건국하자, 불교는 국가의 보호를 받으며 계속하여 세력을 확장하였다. 그것은 국가의 발전을 가로막는 장애가 되었다. 지나치면 모자람만 못하다고 하였던가? 고려가 망하고 이성계가 조선을 건국하면서 불교를 배척하고 숭유억불崇儒抑佛 정책을 쓴다. 공자의 가르침에 기초한 유교도 영혼불멸이론에 기초한 종교로 효와 조상숭배 사상이 조선시대의 문화가 되었다. 고대 이집트의 죽은 왕(파라오)이 이후 다른 세상에서 자신들을 도와줄 것이라는 믿음의 사상이 지배한 것처럼 죽은 조상의 영혼이 후손들인 자신들에게 도움을 줄 것이라는 믿음의 사상이 천민들에게 있었다. 이 믿음의 뿌리의식이 사람들의 잠재의식에 깊게 자리매김 되어 부모가 죽으면 마지막 가는 길이라며 화려한 장례식을 치르게 하였으며 경건하게 제사를 지내는 문화를 창출해냈다. 죽은 조상의 영혼이 돌아와서 자신들이 정성껏 차려놓은 음식을 먹고 간다는 믿음의 문화이다. 이러한 유교문화는 조선 말기 개방 물결에 따라서 아주 조심스럽게 쇠퇴하여간다. 기독교 문화가 억압을 받으며 급속하게 서민층으로 확산하면서 서서히 국가 경제도 발전되고, 고등교육의 대중화와 과학과 의학의 발달로 과거 유교에 기초한 전통과 관습으로 개인의 자유와 권리를 구속하였던 멍에들이 하나씩 벗겨지기 시작한다. 또한 일본의 식민지 생활의 근성, 그리고 과거 양반과 상놈(노예제도)제도와 같은 개인의 자유와 인권을 구속하고 멍에가 되었던 식민지문화도 쇠퇴하였다.

이제 사람마다 제각기 프라이버시를 갖고 살아가고 자유를 누린다. 누구나 평등하다는 문화가 지배하는 세상이 되었다. 이제 사람들은 깨달았다. 전통과 관습이 그리고 정치제도가 개인의 자유와 인권을 더는 속박할 수 없다는 사실을 깨달았다. 그리고 신God이 인간을 창조한 것이 아니고 인간이 신God을 창조하였다는 사실도 깨달았다. 따라서 현대는 과거와 같이 종교의 문화가 우주를 지배하는 힘Cosmos Will으로 작동되지 않는다. 그러한 이유로 현대를 흔히 신God이 사라진 시대라고 말하고 있다.

2. 상호간 충분한 의사소통이 갈등을 해소한다.

지난 이천년이 불교와 유교의 문화이었다면 현대는 어떠한가? 현대는 분명하게 과거와 다른 패러다임paradigm의 변화가 일어나고 있다. 경주에서 떡갈비정식으로 식사를 하기 위하여 2시간이나 줄을 서서 기다리고 나서야 주문한 식사가 나왔다. 그리고 경주에서 유명하다는 H빵을 구입하기 위하여 1시간 동안을 대기실에서 기다리고 있다가 겨우 H빵을 구입할 수가 있었다. 이러한 쏠림현상이 일어나는 힘은 무엇일까? 바로 네트워크, 인터넷inter-net의 힘power이다. 사람들의 변화되는 입맛에 맞는 신기술을 개발하고 인터넷을 이용하여 마케팅에 성공한 케이스다. 현대사회는 끊임없는 의사소통communication이다. 상호간

존중하고 인정하여 주는 의사소통이야말로 자신을 확인시켜 주며 동시에 자신이 세상에서 존재하는 가치를 깨닫게 하는 기회가 되기에 그렇다. 현대사회에 사는 사람들은 외롭기에 지속적인 의사소통을 원하고 있으며 상대방으로부터 인정을 받고 싶어 하는 것이다.

따라서 핵가족 체제하에서는 사랑하는 가족 간에 지속적인 의사소통이 중요하다. 휴대폰을 통한 의사소통이야말로 사랑을 확인하는 방법이 되었다. 그리고 인터넷이 우주의 의지cosmos will가 되었다. 기계와 과학의 발달이 인간의 삶을 한껏 편하게 해 주고 있는 반면에 자동화 기계 설비로 사람의 일자리를 빼앗아 일자리職業 구하기가 어려워지고 산업구조의 개편과 변화에 따라 이미 얻은 직업도 잃게 될 가능성이 높아지고 있다. 경쟁이 날로 심하여지고 직업을 가진 사람들조차도 앞으로 나가려해도 이미 앞서 간 사람들이 모두 자리를 차지하고 있기에 기회가 제한되고 있다. 지속적으로 자연도태현상이 국제사회는 물론 인간과 인간 사이에서 치열하게 일어나고 있는 것이다. 놀고먹는 사람들이 많아진다. 할 일이 없는 사람들이 많아진다. 할 일이 없다는 것, 무료하고 지루한 인생을 사는 사람들이 많아진다. 할 일이 없이 무료한 시간을 보내고 있는 수많은 사람들에게 전자기기를 통한 엔터테인먼트는 자연발생적이다. TV 같은 매스컴에서도 매일 별로 웃기지도 않는 프로그램을 갖고 시청자들로 하여금 억지웃음을 만들고 있다. 게임프로그래머나 글을 쓰는 작가들도 재미있게 하려고 매일 엄청난 거짓스토리를 만들어서 세상에 쏟아내고 있다. 세상은 온통 허구의 관념들faulty notion로 가득 차 있다. 고대 사람들이 말도 되지 않는 엄청난 거짓말로 신화나 전설을 만들어내듯이 말이다. 과학이 발달하지 않았던 우매한 시대에는 절대적 신God에게 헌신하였는데, 절대적인 신God이 사라진 현대사회에서 매스컴이 인간들이 헌신할 대상으로 탤런트나 영웅숭배, 돈money의 숭배와 같은 사회문화를 창출해 내고 있다. 문제는 자신이 헌신할 대상을 찾지 못하면 삶이 허무의 수렁에 빠지기 쉽다는 사실이다. 필자는 자연을 접하면 마음이 편하다. 그래서 등산을 자주 하는 편이다. 그런 이유로 고대유물이나 유적을 관람하는 여행을 좋아하지 않았다. 그래서 이번 가족여행을 하지 않으려고 생각하였다. 그런데 큰아들의 성화로 가족여행에 동참하게 되었으며 이번 가족여행은 필자로 하여금 많은 사색을 하는 기회를 제공하였다.

(2010년 2월 27일~3월 1일. 2박 3일)

진천 농다리

계리에 사는 장형張兄이 오래간만에 전화하였다. "그동안 농번기에 얼마나 고생이 많았냐?"라는 나의 안부의 말에 장형은 답하기를 "메뚜기도 한철이라고 그동안 바쁘게 일을 하였노라고" 이어서 "농부도 모내기를 끝내고 나니 요즘은 한가한 편이다."라고 말하며 오늘 드라이브를 하자며 제안을 한다. 그러면서 나의 대답을 듣기도 전에 전화를 끊었다. 성격이 급한 편이라는 것을 잘 알고 있기에 조금 기다리고 있자니 문밖에서 자동차의 경적소리가 있다. 한 대의 차가 집 앞에 주차하여 있다. 내가 승차하자 바로 차는 출발하였다. "어느 곳으로 가려고 합니까?"라는 나의 질문에 장형은 "자동차 드라이브를 하는데 목적지를 정하고 갑니까?"라고 말하며 빙그레 웃는다.

승용차는 38번 국도를 달린다. 안성시 일죽에서 충청북도 음성군 삼성을 지나고 진천군 덕산을 지나친다. 나는 궁금하여 다시 질문을 던지고 말았다. "승용차 드라이브 코스로는 적당하지 않는데요. 왜 이러한 좁은 길로 드라이브하시는 겁니까?" 말하자 장형은 대답을 하지 않고 운전대를 잡은 채 다시 웃기만 한다. 주행하고 있던 차가 잠시 후에 정차한다.

주차 한 곳은 "생거진천生居鎭川 농다리"라는 간판이 있는 곳이다. "생거진천"이라는 말은 진천지역이 수해와 한해, 태풍의 피해가 없으며 농토가 비옥하여 쌀농사 짓기에 적당하여 사람이 살기에 진천 지역이 아주 좋다는 말이며 "농다리"는 아주 오래된 다리ancient bridge라는 의미이다. 아마도 오래되고 오래된 다리long, long old bridge를 의미하는 것이라는 생각을 하여본다. 농다리는 길이가 100m나 되며 모양이 지네 모양의 형상을 한 특이한 모습으로 다리축조에 쓰인 재료가 붉은 빛을 띄고 있는 자연석 돌로 신비함을 더해 주고 있다. 더욱이 일천년이라는 긴 세월 동안 그 모습이 그대로 남아 있기에 선조의 지혜를 엿볼 수가 있었다. 농다리는 동양에서 가장 오래되고 긴 다리의 하나로 알려지고 있다. 따라서 진천*군에서는 1976년 12월 20일 지방유형문화재 제28호로 지정하였다 한다. 농다리는 진천군 문백면 구곡리 구산동에 있는데 이곳이 바로 세금천과 가리천 두 개의 시냇물이 합류되는 곳이기도 하여 물이 깊고 개울 바닥이 넓은 편이다. 장형과 필자는 잠시 다리 위를 산책하였다.

---

* 註 : 충청북도 진천은 옛 이름이 상산(上山) 이라 하였는데 이는 이해용 진천출신 학자가 지은 상산자常山誌에서 유래된 것이다. 또한 농다리는 고려 고종 때 권신 이먼 장군이 축성하였다 하는데 어느 초겨울 아침 임장군이 세금천에서 세수를 하려고 하였는데 젊은 여인이 세금천 건너편에서 울고 있는지라 이유를 물은 즉 "친정아버지가 세상을 떠나서 급하게 친정으로 가려고 하는데 냇물이 깊어 건널 수 없어 울고 있노라." 임장군은 이 말을 듣고 효성에 감동을 받고 하루 아침에 용마를 타고 돌을 실어 날아다 다리를 축성하여 젊은 여인으로 하여금 다리를 건너가게 하였다는 전설이 전하여지고 있다.

(참고문헌 : 진천군 관광전시관 홍보자료)

다리 위를 산책하는 동안 일천년 전에 조상의 숨결을 느끼며 농다리를 한 칸씩 한 칸씩 아주 천천히 25칸이나 되는 다리를 천천히 사색하며 걸었다. 170m가 되는 다리 상판에 얹은 장대석 돌 위를 산책하는 동안 다리 아래로 흐르는 물소리가 나의 마음을 정화시켜서 상쾌하게 하였다.

그리고 잠시 사색의 세계로 여행하였다. 어느새 필자는 천년 전으로 돌아가 있었다. 오래된 농다리를 산책하면서 이 다리를 축성할 때 이곳에 살고 있었던 옛 진천의 사람들이 얼마나 많은 피와 땀을 흘렸을까? 그리고 얼마나 많은 시행착오를 하였을까 하는 것이었다. 과학이 발달하지 않은 고대사회에서 수없는 시행착오를 거치면서 얻어진 경험이 바로 지식이 되었고 고대 사회의 전통이 되었고 관습이 되었잖은가? 그래서 지역마다 특이한 하나의 삶의 룰이 되지 않았는가? 고대사회에서 살았던 사람들은 평균수명이 40세 내외(?)이었다. 수많은 시행착오로 얻어진 지식은 희소하였고 기록 보전이 잘되지 않았다. 그래서 지식의 변화가 거의 없었다. 오랫동안 정체된 지식과 기술이 오랜 세월 동안 진리로 자리매김 되었다. 선조는 자연에서 살면서 자연을 이용하는 방법을 배웠고 자연에서 은근과 끈기를 배웠다. 모질고 질긴 삶을 살면서 끝없이 시행착오를 겪으면서 삶의 지혜를 터득하였다. 우리가 선조로부터 배울 교훈은 성급에서 벗어나서 은근과 끈기로 실패를 거듭하나 포기하지 않는 불굴의 정신이 아니겠는가? 오늘날 사람들의 평균수명은 고대사회보다 거의 배가 늘었고 빠르게 변화하는 지식과 기술은 과거의 불변의 진리라고 생각하였던 지식의 개념을 퇴색시키고 있다. 현대인들은 선조들과 마찬가지로 시행착오를 거치면서 성장 해가며 발전을 한다. 그러나 기술발달과 추적된 기술은 그리고 많은 정보는 과거보다 시행착오의 수를 현격하게 줄이고 있다.

귀갓길에 진천읍 산척리에 있는 1907년 헤이그 만국 평화회의에서 국가 독립을 위해 47세에 순국하신 보재 선생 생가와 사당(지방기념물 제77호)에 잠시 들려 관람을 하였다. 복잡한 현대사회를 살아가면서 자주는 아니지만 쏟아지는 정보의 홍수의 물결에서 벗어나 잠시 조상의 수많은 시행착오를 거치면서 이룩한 소중한 문화유산을 지켜보면서 성급해지려는 마음을 달래고 은근과 끈기를 배우는 기회를 갖고 푸근한 행복감에 젖어들곤 한다.

제4부

고독한 밀어

인생이란 고독한 존재이다. 그래서 사랑을 원한다.
사랑을 얻기 위하여 선물도 하고 예쁘고 매력적으로 자신을 가꾼다.
그러나 영원한 사랑은 존재하지 않는다.
새로운 생명의 탄생은 죽음을 전제로 탄생되기에 인생에 있어서
영원한 것은 없다. 영원히 살고 싶은 인간의 욕망은 필연
종교로 하여금 천국(천당)과 같은 허구의 개념을 만들어내게 하였고
이러한 욕망을 추구하게 하여 많은 사람으로 하여금
현실의 고통과 아픔을 잊게 하였다.
사람은 나이가 들면 암cancer이나 중풍, 치매, 파킨슨병과 같은 질병에
쉽게 걸리게 되며, 이러한 노인성 질병에 시달리는 사람들을 지켜보면서
인간이 나이가 들고 늙어가는 것도 서글퍼지는데,
왜why 인간은 마지막에 저러한 길을 걷다가 죽어야 하나?
하는 생각에 인생은 비극이라고 생각하여 보는 것이다.
그래서 많은 사람이 세상을 아름답고 건강하게 살다가
때가 되면 어느 날인가?
갑자기 아름다운 꿈을 꾸며 단잠을 자다가
아무 고통을 느끼지 않고 세상을 떠났으면
하는 꿈과 소망이 있다.

고독한 밀어孤獨한 密語

필자는 고고학자도 아니며 더욱이 유전학자도 또한 생물학자도 인류학자도 아니다. 다만, 70년에 가까운 긴 세월을 살아오면서 그동안 사색을 하고 그리고 많은 글을 읽고 쓰고 사유한 것들을 정리하는 마음으로 이 글을 쓴다. (2011년 1월)

1. 사유思惟의 길목에서

지난 젊은 시절 수많은 날들을 아무 깊은 생각도 없이 내일 그리고 다시 내일을 생각하며 앞만 보고 달려왔다. 이후 나의 삶의 터전이었던 직장에서 명예퇴직을 하고는 어느 날 갑자기 시간과 삶이 정지된 현상을 느끼고 이후 나는 자주 사유의 공간을 걷게 되였고 이따금 고독한 밀어가 밀물처럼 다가왔다. 그것은 아마도 지금까지 살아온 길과 그리고 앞으로 살아갈 길목에서 만나는 삶의 미묘한 감정들이 가슴속에서 소용돌이 치기에 그럴 것이다. 나는 철학자는 아니지만 나는 누구인가?

그리고 어디서 왔으며 지금 어디로 가고 있는 것인가? 삶이란 도대체 무엇인가 하는 문제들. 그리고 비합리적인 관습과 전통, 그리고 사회에서 일어나고 있는 강도와 강간과 살인과 같은 강력범죄가 발생하는 사회현상을 우연하게 접하게 될 때 도대체 인간이란 무엇인가? 하는 것에 대한 사유의 길목에서 자주 머뭇거리게 하는 것이다. 그리고 다음과 같은 글귀 한 구절이 회상되어지는 것이다. "내일, 내일, 그러면서 과거는 무척이나 어리석었지! 라고 말을 하였지! 인생이란 단지 걸어 다니는 그림자, 인생이란 부여받은 시간에 우쭐대다가 부여받은 시간이 끝나게 되면 이후 아무 소리도 들리지 않는 불쌍한 배우에 불과한 것, 세상이란 수많은 바보들이 쏟아내는 의미 없는 말과 외침과 분노의 소리들로 가득한 것이다." 이것은 1606년에 영국의 작가 셰익스피어가 쓴 희곡작품에 나오는 주인공 멕베드의 독백이다. 내가 사는 이 세상은 사소한 문제로 목소리를 높이고 목숨을 걸고 투쟁을 하는 모습이다. 그래서 매일 혼란스럽고, 북적대고, 시끄럽다. 그래서 필자는 많은 사색을 하다가 문을 열고 밖으로 나간다.

푸른 하늘에는 흰 구름조각이 떠가고 있고 구름조각 사이로 비추는 밝은 햇살이 정원에 심어놓은 꽃과 잎을 신비스러운 색조를 만들어내고 있다.

밝고 신비스러운 햇살과 아름다운 꽃을 보는 동안 나도 모르게 어느새 건강하게 이 세상에 살아 있다는 기쁨에 가벼운 전율이 일어나기 시작하며 가슴은 기쁨의 환희로 서서히 채워지기 시작한다.

2. 존재의 고향故鄕

고향이란 안식처이다. 그렇다면 인간의 태초의 고향은 어디인가? 이 물음에 필자는 많은 생각을 해왔다. 인간은 신god의 피조물인가? 아니면 유인원類人猿에서 진화되었는가? 필자는 인간이란 태초에 흙에서 자연 발생적으로 생겨난 것이다. 라는 생각을 해왔고 지금까지도 그리 믿고 있다. 그런 이유에서 인간이란 자연의 창조물nature's creation이라는 생각을 하는 것이다. 기후 풍토에 의해서 다소 차이는 있지만, 유색인종을 포함한 지구상에 존재하는 모든 인류는 넓은 의미에서 형제이고 자매인 것이다. 나의 이러한 단순한 생각으로 인간의 기원을 말하는 것이 인류의 기원을 연구하는 학자들의 기분을 상하게 하지나 않을는지? 모르겠다. 필자는 농촌에서 태어나 70세에 가까운 인생을 살아오면서 자연을 관찰하며 자연과 함께 인생을 살아왔다. 농민들을 가장 괴롭히는 잡다한 수많은 잡초와 해충, 세균, 곰팡이, 바이러스와 같은 병원균들은 이론적으로 보면 잡초의 씨 또는 병원균이나 해충들이 바람이나 먼지, 농기구 등 기타 이동매체에 의해 전파되고 확산하는 것이다.

위에서 열거한 이러한 잡다한 병원균과 잡초와 해충들도 태초에 지구 발생과 더불어 적당한 습기가 있는 토양에서 기류와 온도의 복잡한 기작용mechanism을 거쳐서 자연적으로 다양하고 수많은 종種들이 탄생된 것들이라는 생각을 하는 것이다. 오늘날 생명과학의 발달은 모든 생명체 유전자 배열과 구조의 해독이 가능하며 일명 게놈프로젝트Genome project에 의해 미수정란의 핵을 체세포의 핵으로 바꿔 동일한 유전자를 가진 수많은 개체를 얻을 수 있는 유전자 복제Clone기술이 이미 상당 수준에 이르고 있다. 자연의 모든 생물체는 무기 원소에서 유기물이 생성되는 것이며 다시 생성된 유기물이 분해되어 무기물이 되는 것이다. 이러한 지속적인 순환 과정에서 환경변화에 따라 새로운 종이 발생하기도 하고 변종과 돌연변이와 같은 잡다한 종이 발생하며 소멸하는 것이다. 이것이 우주의 법칙이다. 따라서 필자는 세계의 많은 종교창시의 근거가 되었고 고대사회의 문화와 사상의 근거가 되었던 고대 철학자 플라톤의 영혼불멸의 철학사상과 이론 그리고 세계최초 종교인 인도의 힌두교와 불교 경전의 근거가 된 영혼 환생에 대한 믿음과 그리고 고대 그리스 철학자 피타고라스Pythagoras의 영혼 환생 metempsychosis=輪回論 철학 사상은 허구이라는 생각을 하여왔다. 따라서 인간의 태초의 고향은 바로 물water이 있는 흙earth이라는 생각을 필자는 하는 것이다. 인간이란 흙에서 나왔기에 죽으면 태초의 고향인 흙으로 되돌아가는 과정이 인간의 삶이다.

그런 이유로 필자는 수년 전에 다음과 같은 유서를 미리 작성하여 놓았다. 유서를 작성한 이후부터는 필자는 삶의 많은 중압감에서 벗어날 수 있었다. 그리고 지금은 남은 인생을 아주 편안한 마음으로 그리고 아주 자유로운 삶을 살아가고 있다. 유서의 내용을 공개 하자면 이러하다.

"나는 내가 갖고 싶었던 직업을 얻어서 타고난 능력에 걸맞게 제 몫을 다하였다. 공부도 원願없이 하였다. 이후 직장에서 퇴직하고는 평소에 하고 싶었던 산문散文과 잡문雜文을 쓰기도 하고 발표도 하며 많은 즐거움을 얻기도 하고 작은 성취감으로 행복하였다. 또한, 체력이 허락하는 범위에서 자주 산행을 하여 자연을 즐겼다. 사람들이 이렇다 할 무엇을 세상에 내놓을 것은 없지만, 자신이 부여받은 능력에 맞게 큰 욕심 없이 인생을 살았다. 그런고로 내가 죽으면 슬퍼하지 마라. 또한, 조용하게 묵상기도나 할 것이지, 곡성哭聲도 염습殮襲도 하지 말고, 조용하게 평소 입던 옷 그대로 즉각 관棺에 넣어서 화장하도록 하고 재ash는 내가 자주 산행하였던 "노성산" 소나무 아래 뿌리도록 하렴.

(20005년 3월 27일 작성)

그렇다면 인간의 존재存在의 고향故鄕은 어느 곳인가? 바로 女性의 子宮이다. 그래서 삶이란 끝이 보이지 않는 고향의 길을 찾아가는 미로迷路의 여행이다.

마치 정자精子가 캄캄한 자궁子宮속의 미로迷路를 여행하는 것과 같다고 할까? 정자가 난자와 만나 자궁에서 수정되고 착상하여 수정란이 자라는 곳이 자궁이기에 자궁에서 나온 인간은 성 성숙이 될 때까지 엄마의 품 안에 있게 된다. 따라서 인간은 엄마의 젖을 먹고 있을 때가 가장 행복한 것이다. 다시 말해 엄마의 가슴에 안겨 젖을 빨며 잠을 자며 안식을 취하는 어린아이가 인생에 있어서 가장 행복한 때이다. 그리고 이때가 세상에서 가장 아름다운 것이다. 여성woman은 대지earth와 같은 성질이 있기에 여성은 흙의 성질같이 부드러우면서도 온유하나 동시에 매우 강하고 관용과 포용력이 있다. 흙의 기질은 음(-)

이며 여성woman의 기질도 음(-)이다.

3. 원초적인 본능原初的인 本能에 올인All in해야!

인간도 영장류인 동물에 속하므로 동물과 같이 원초적 본능에 충실해야 행복하다. 배가 고프면 눈물이 나고 슬퍼진다. 무엇인가 먹고 싶은 욕망은 필히 생명유지에 필요한 식품을 얻으려는 본능으로 이어진다. 먹을거리를 얻기 위한 본능은 인간이 생존하는데 가장 우선순위이다. 그래서 누가 시키지 않아도 자신의 먹을거리를 얻기 위해 돈을 열심히 벌려고 한다. 농촌에 사는 70~80대 고령의 노인들이 농촌에서 벼농사, 고추 농사를 짓고 섭씨 30도가 넘는 삼복더위를 아랑곳하지 않고 품팔이 노동을 한다. 지난 세월 먹을 것이 없어서 먹을거리를 얻으려는 행동이 고질적인 습관으로 굳어버린 것이다. 도시에서 사는 자식들은 이러한 부모들의 행동을 극구 만류한다. 그러나 고령의 부모들은 일하는 것이 집안에 가만히 앉아 있는 것보다 훨씬 행복한 것이다. 할 일이 없이 가만히 앉아 있다는 것은 무료하고 단조롭고 지루하며 답답하다. 이는 견디기 어려운 고통이다. 지옥이다. 그것은 행복과 안식이 아니라 고통이며 삶의 무거운 짐이며 생존의 문제이다. 고통을 잊으려고 육체노동을 한다. 오랜 습관에서 온 본능이다. 오래된 습관이 생체리듬이 된 것으로 제2의 본능으로 된 경우이다. 현대용어로 노동의 중독증상이다. 사람이란 타고난 본능과 습관이 유지되어야 행복하다. 그런 이유로 농촌의 고령의 부모님께서 변화에 둔감한 것이다. 나이가 든 사람들에게 변화는 고통이다. 그래서 변화를 싫어하는 것이다. 농촌에서 살고 계신 고령의 부모들은 노령에서 비롯되는 불면증에서 벗어나 안락한 숙면을 취하고 싶은 본능이 있다. 잠을 잘 잔다는 것은 천상의 축복이다. 식사를 잘하고 잠을 잘 자는 것은 자신이 이 세상에 생존에 필요한 부여받은 본능으로 권리이며 자유이다. 유아기와 청소년기에 충분한 수면과 영양분을 섭취하여 육체 성장이 완료되고 성 성숙이 완성되면 엄마의 품 안을 떠나게 된다. 이때부터 육체는 존재의 고향인 성sex을 열망하게 되고 이를 얻고자 지속적으로 방황을 한다.

그리고 마침내 자신 존재의 고향을 찾는다. 그리고 행복과 안식을 추구한다. 이후 인생의 문제를 심각하게 받아들이는 과정을 겪는다. '나는 누구인가?' 하는 개인화 과정이 시작되고 갈등을 겪는다. 그래서 생존하는 동안 끝없이 방황하고 고민을 하는 것이다. 그러므로 삶이란 중압감이며 무거운 짐이다. 동서양을 막론하여 고대 역대 왕들이 끊임없이 존재의 고향sex을 추구한 이유가 바로 여기에 있다. 구약성경에 나오는 인물로 가장 지혜가 있다는 솔로몬! 그의 부친은 유명한 다윗David왕이다. 다윗왕은 장군 우리야의 아내wife를 뺏어 첩으로 만들었다. 그 사이에서 낳은 둘째 아들이 바로 솔로몬이다. 솔로몬은 수많은 형제와 왕위 쟁탈전에서 승리한 솔로몬은 왕위에 오르자 왕비 300명과 후궁 600명 그리고 수천 명의 궁녀를 두었다. 하기야 우리나라의 역대 왕들도 이와 비슷하지만, 최초의 여왕으로 알려진 선덕여왕은 존재의 고향을 찾은 대표적인 여성이다. 선덕은 신라 26대 진평왕의 차녀로 왕위로 오른 뒤

삼서지제라는 제도를 만들어 3명의 남편(용춘, 흠반, 을제)을 두고 생활을 하였다고 기록되어 있다. 여하튼 남성이건 여성이든 간에 인간은 가장 원초적인 본능으로 말미암은 존재의 고향을 찾으며 방황하다가 기력이 쇠진하면 자신이 나온 태초의 고향earth인 흙으로 돌아가는 것이다.

4. 맺는 말

어린아이가 부모의 신체적 접촉이 결핍되면 질병에 걸려 죽게 된다. 다시 말하여 부모의 충분한 사랑을 받지 못하면 전신쇠약증, 일명 소모성 질병marasmus으로 인하여 죽는다. 그런 이유로 세상에 갓 출생한 어린아이는 엄마의 지속적인 신체접촉과 지극한 사랑을 받으며 성장을 해야 한다. 가벼운 키스니 애무, 포옹과 같은 신체적 접촉이 어린아이의 정신적 신체적 발달에 없어서는 안 되는 필수불가결한 것이다. 따라서 어린아이는 부모의 사랑과 지혜를 먹으며 성장을 하는 것이다. 이는 성인도 마찬가지이다. 성 심리학자 프로이트는 모든 생물의 목적은 성sex에 있다고 말하였다. 그는 신경정신과 의사로서 정신병 환자를 치료하는 과정에서 관습과 전통, 그리고 윤리의 의해 구속되고 억제된 성sex이 정신병을 유발하거나 각종 육체적 질병을 유발하는 요인이 된다는 사실을 발견하였다. 따라서 사랑하는 남녀 간의 사랑은 휴식이며 마음의 평화를 주기에 그렇다. 앞서 말하였듯이 고대사회는 상류층이었던 왕족이나 양반계층의 많은 사람이 일부다처polygamy의 삶을 살았고 중하류계층의 일반서민들은 일부일처monogamy제의 삶을 살았다는 사실을 발견하게 되는데 이는 고대사회가 얼마나 비합리적인 전통이었나 하는 것을 깨닫게 한다. 그리고 비합리적인 전통과 윤리와 도덕이 얼마나 많은 일반서민의 여성들의 삶을 억압하였는가? 다시 우리로 하여금 깨닫게 한다. 고대사회에서는 성sex을 더럽고 천하고 고상하지 못한 것으로 생각하였고 여성을 성sex의 대상물objects로 생각하는 문화적 카테고리가 있었다. 그러한 비합리적인 전통과 관습의 문화는 상류계층에 속한 많은 남성으로 하여금 교태와 성 기교sex-tech에 능한 젊은 여성과 밀애를 즐기는 이중인격자로 만들게 하였고 삶의 마지막 날이 가까워지면서 많은 통한의 후회를 하게끔 만들었다.

현대사회는 개인의 인권이 최대한 고양된 사회로 고등교육을 받은 지식인으로 구성된 다양한 사회이다. 비합리적인 관습과 전통은 빠르게 사라지고 있으며 상식이 통하는 합리적인 사회로 전환되고 있다. 현대사회의 모든 인간은 각자 자신이 설정한 덕목으로 자아실현을 추구하면서 올바른 삶을 살아가려고 하지만 때로는 순수한 인간적 감정에서 분출되는 감정이 자신이 설정한 덕목에 스스로 역행하는 어리석음을 범하는 경우가 종종 있다. 그러한 약점은 인간이 갖는 어쩔 수 없는 본능으로 인간이 갖는 한계의 함정일지도 모른다. 따라서 책임과 의무를 다하는 인간 본연의 착한 본성이 있는 사람이라면 관용과 용서를 하는 것이 그리고 용서를 받는 것이 마땅하다는 생각을 하는 것이다. 왜냐하면, 모든 인간은 완전하지 못하기에 그렇다. 그래서 누구나 실수를 범하는 것이다. 완벽한 사람이란 이 세상에 한 사람도 없다. 모든 사람은 누구나 약점이 있다는 말이다. 이성간의 사랑은 무한의 질투를 만들기도 하지만 사랑은 무한의 관용과 힘도 있다. 그런 이유로 해서 때로는 질투를 관용으로 받아들이는 지혜가 필요하다. 따라서 자신에게 맞는 배우자를 만나 만족한 결혼생활을 하는 것만이 최대의 행복이다. 그런 이유에서인가? 많은 사람이 말하기를 결혼을 잘해야 성공적인 인생을 사는 것이라고, 그리고 행복한 삶을 사는 것이라고 말한다. 그렇다!

슬픔도 기쁨도 외로움도 그리고 고통도 함께하는 부부만의 사랑이 전부all thing이고 최상the best이다. 부부의 사랑이야말로 휴식이며 기쁨이며 온유한 향기이다. 따라서 합법적인 부부의 만족한 성sex생활만이 자신이 설정한 덕목에 역행하는 어리석음을 범하지 않게 되는 것이다.

(계간 참여문학 2011년 봄호 『글맛 45호』에 발표)

인생은 퍼즐게임puzzle game

1. 서언

미국의 워라스 스티븐Wallace Stevens는 "21세기는 신God이 사라진 시대이다"라고 하였다. 1793년도까지만 하여도 정신장애자(조울증, 우울증, 미친 사람, 치매환자)를 마녀 또는 귀신이나 악마의 소행으로 생각하거나, 하늘이 내린 징벌(천벌)로 생각해 왔다. 이후 미국의 심리학자 딕스Dix가 정신장애자를 처음으로 뇌의 기능장애인 정신적 질병으로 인식하고 현재는 심리학적 치료 방법과 약물치료를 동시에 시행하고 있다. 인생이란 세상에 대하여 호기심과 두려움으로 도전하면서 때로는 가슴이 설레는 기쁨으로 때로는 슬픔과 고통으로 눈물을 흘려가며 울기도 하면서 아주 사소한 것들로부터 시작하여 매우 커다란 것들을 수없이 체험하며 성장하고 발전하는 것이다. 이처럼 수많은 경험들을 통하여 지식을 얻고 인지가 발달해 나가는 것이 인생이다. 심리학자 에릭슨Erikson은 말하기를 인간은 출생부터 죽을 때까지 전 인생과정에 인지적 발달단계와 도덕성 발달단계와 같은 발전단계가 있으며 각 단계별로 발달적 위기crisis가 있다고 말한다, 예를 들면 발전 단계별로 신뢰와 불신, 선택과 도전의 단계가 바로 그것이다,

하나의 단계에서 다음 단계로 넘어가는 데 실패하면 정신적 장애가 생긴다는 것이다. 현대사회가 너무나 빠르게 변화되기에 세대별, 성별, 계층별, 나이별로 인식의 차이가 있게 마련이고 많은 사람과의 만남에서 생기는 스트레스로 정신적 고통은 물론 때로는 화병으로 때로는 우울증으로 고생한다. 현대 정신질환의 하나인 우울증이나 조울증은 유전적 원인과 심리학자 에릭슨이 말한 것처럼 각 심리적 발전단계의 위기에서 실패한 것이 주요 원인이다.

2. 인생이란 퍼즐게임puzzle game

인간이 마음만 먹고 노력을 하면 무엇이든지 성취할 수 있다는 끝없는 욕망은 마지막에 가서는 커다란 불행을 자초한다. 인간은 의지가 유약하고 유혹에 약한 존재이기에 그렇다. 인간은 자신이 속한 조직사회에 있으면서도 조직사회 밖을 추구하려는 양면성도 있다. 그래서 삶이란 매우 불합리하고 역설적paradox이다. 성질이 꽤 까다로운 아내가 있는 60대의 남편이 폐암으로 병원에서 입원 치료를 받고 있었다. 어느 날 폐암 환자는 시원한 막걸리 한 잔이 마시고 싶었다. 그래서 아내에게 막걸리 한 잔을 마시고 싶다고 말한다. 그 말을 들은 아내는 화를 크게 내며 남편의 부탁을 무시하여 버렸다. 다음날 폐암으

로 고생하던 남편은 세상을 떠났다. 아내는 가슴을 치며 후회한다. 마지막으로 남편이 좋아하던 막걸리라도 마시고 가게 할 것을!

60세가 넘은 부부가 80세가 넘은 홀어머니를 모시고 있었다. 노모는 커피를 매우 좋아하셨다. 어느 날 TV에서 커피가 건강에 해롭다는 뉴스를 듣자 이후 아들은 90세가 넘으신 노모가 더 오래 사시기를 바라는 마음에서 커피를 못 마시게 하였다. 그 일이 있은 후 3일 만에 노모는 세상을 떠나셨다. 착한 마음에서 취한 행위가 나쁜 결과를 초래한 것이다. 홀어머니를 잃은 아들은 후회한다. 마지막으로 당신이 좋아하셨던 커피나 마음껏 드시고 가시게 할 것을 후회한다.

공무원으로 정년퇴직한 S씨는 C읍에서 노인회 회장직을 맡아서 활발한 활동을 하였다. 지난해 봄에 아침 운동을 끝내고 목욕탕에 갔다. 그는 건식 사우나에서 충분하게 땀을 빼고 냉탕으로 들어가는 순간 그 자리에서 심장마비로 세상을 떠났다.

이웃 마을에 사는 40세의 노총각이었던 P씨는 지난해에 아주 멋진 예쁜 처녀와 맞선을 보았다. 그리고 한눈에 반해 선을 본지 15일 만에 결혼하였다. 결혼을 하고 칠삭둥이 건강한 아들을 낳았다. 의심이 되는 P씨는 친자 확인을 위해 유전자검사를 의뢰하였다. 결과를 통보받은 P씨는 가슴을 친다. 자신이 사랑하는 아내가 낳은 아들이 친자가 아니라는 청천벽력과 같은 말을 듣는다.

서울에서 살고 있던 K씨는 5억을 갖고 농촌으로 귀농을 하였다. 열심히 땀을 흘리며 자신이 구입한 땅을 개척하고 농장을 꾸몄다. 그러나 노력한 만큼 소득이 오르지 않아 좌절하고 있던 K씨는 자신의 농장을 사들이겠다는 제안을 받게 된다. K씨는 매매가 성사되지 않아도 상관이 없겠다는 생각으로 100억을 제시한다. 매매는 성사되었다. K씨는 기분이 아주 좋았다. 요즘 말로 대박이다. K씨는 아내에게 기쁜 소식을 빨리 알려주려고 급히 상경하다가 길가 가로수를 들이박고 현장에서 세상을 달리하였다. 새옹지마에 해당하는 케이스이다.

세상은 순진하고 착한 사람이 고통을 더 당하고 사악한 사람들이 고통을 덜 받고 풍요를 누린다. 머리가 좋고 많이 배우고 사람을 다루는 기술이 탁월한 사람들이 순진한 사람들을 사기치고 부정한 방법으로 재산을 축적한다, 그들은 법의 예외 규정을 교묘하게 이용하여 탈세하고 교묘한 방법으로 군복무를 기피하면서 상위계층으로 버젓이 잘 살고 있다. 착한 사람이 복을 받는다는 말은 웃기는 말이다.

교육공무원으로 40년 동안 봉직한 P씨는 자신을 평생 내조를 하여준 아내에게 남은 인생을 헌신하겠다고 생각하였다. 마침내 정년퇴직하였다. 이어서 종합건강검진을 하여보니 자신이 직장암 말기가 아닌가? 이럴 수가!

퇴직하고 이후 사랑하는 아내와 함께 여행도 하고 외식도 하며 행복한 노후생활을 하겠노라고 생각하였던 P씨는 자신이 직장암 말기라는 사실이 맑은 하늘의 날벼락 같다! 이렇게 삶이란 불합리하다. 지금 P씨는 S대학 병원에서 수술을 받고 암과 투병 중이다. 이성 간의 사랑과 종교도 너무나 불합리하고 비논리적이다. 한번 빠지면 쉽게 빠져나오지 못한다. 그래서 삶은 더욱 퍼즐게임이다.

K씨는 67세의 학사 농업 경영인이다. 밤잠을 설치며 많은 연구와 노력을 한 끝에 농업에서 크게 성공하였다. 그는 미국의 윌리엄 밀러의 예수 재림운동에 영향을 받은 러셀(1852~1916)이 창시한 개신교에 푹 빠져서 만나는 사람들에게 성경을 읽어주기도 하고 베델Bethel에서 발행한 팸플릿pamphlet을 나눠주기도 하며 성경이 하나님 말씀이라고 전도한다. 그리고 자신의 믿음을 다른 사람에게 전도하는 일에서 최대의 행복을 얻는다고 말한다.

자신이 착각에 빠지는 것은 자유이다. 그러나 자신의 착각을 전혀 관심도 없는 사람에게 권유하고 성경을 가르치려고 하는 것은 인권유린이다. 기독교 창시자이며 스스로 신의 아들이라고 말하는 예수는 "건강한 사람이 병원을 찾지 아니하듯 나는 건강한 생활을 하는 사람들을 위하여 세상에 온 것이 아니라, 마음이 병이 들고 마음의 죄를 지은 사람들을 회개시키려 왔다."라고 말하였다.(신약 복음서 마가 2:17, 누가 5:31, 마태 9:12) 예수가 말하였듯이 신앙이 필요한 사람들은 자신들이 마음이 병이 들어 괴로운 삶을 살아가는 사람들이라는 생각을 하게 한다. 따라서 종교는 건전한 생활을 하는 사람에게는 오히려 피해가 된다. 왜냐하면 과학은 지식이며 과학은 종교와 상충하기에 그렇다. 물론 모든 사람은 각자 자신이 사물에 대한 나름대로 가치와 의미를 부여하며 인생을 살아가는 것이긴 하다. 그것을 충분히 인정하자! 신앙에 빠진 사람들의 그런 행동은 그들은 오직 신앙에다 삶의 가치와 의미를 부여하고 신앙에서 행복을 얻고 가치를 추구하며 살아가는 사람들로 종교 없이는 삶의 가치와 삶의 의미를 찾지 못하는 사람들로 그런 사람들을 가리켜서 종교적 인간이라고 말을 하는 것이다.

3. 사회계층은 우주의 법칙이다.

성격은 그 사람의 운명을 좌우한다. 성격이란 유전형질과 성장해온 환경에 따라 결정된다. 성격은 성질 또는 기질이라는 말로 표현되는데 이는 유전형질이다. 유전형질에 따른 사람의 기질은 영국의 학자 아이젠크Eysenck는 흑담즙질 기질, 점액질 기질, 담즙질기질, 다혈질기질로 구분하는데 현대 의학용어로 혈액형에 따른 구분이라고 정의할 수가 있다. 동무東武 이제마(1837~1899)학자는 1894년에 발표한 동의수세보원이라는 책에서 사람의 체질을 태양인, 태음인, 소음인, 소양인으로 구분하며 체질에 따라서 약 처방과 음식물 섭취에 대해 처방을 하고 있다.

결국, 인간이란 다양한 기질과 적성을 갖고 태어났고 기질과 적성과 능력에 따라 인생을 살아가는 것이다. 따라서 성격이나 기질이 사람의 인격이라고 할 수 있다. 그러한 이유로 인간은 각자 자신의 주관적인 판단에 의해 설정한 사물에 대하여 의미와 가치를 부여하고 부여한 의미와 가치를 추구하면서 자신만의 인생을 살아가고 있는 것이다. 그리고 사회는 지속적으로 선발과 도태의 과정을 겪으며 발전하고 있는 것이다. 결국 사회는 적자생존의 생물학 법칙이 적용되고 있을 뿐이다. 선발과 도태 과정에서 개인들의 슬픔과 기쁨의 쌍곡선이 그려지며 세상은 다양한 삶이 존재한다. 다양한 삶으로 말미암아 사회 계층이 생기게 되기에 사회 계층화는 불가피한 것이다. 따라서 천국이나 낙원도 자신의 마음속에 있으며, 지옥이나 고통, 절망과 같은 것도 자신의 마음속에 있다.

4. 인생의 퍼즐게임을 푸는 것은 각자의 몫이다.

인생이란 앞서 말하듯이 극히 비논리적illogical이다. 그래서 필자는 인생을 우연의 법칙이 존재하는 퍼즐게임이라고 말하고 있는 것이다. 모든 사람은 스스로 자신이 풀어야 하는 사연이 있다. 사람에 따라 난해한 것일 수도 쉬운 것일 수도 있다. 그것은 어디까지나 각자의 몫이다.

자신의 기질과 성격에 따라서 힘든 인생을 사느냐, 아니면 쉽고 평탄한 인생을 사느냐 하는 것은 바로 자신의 몫이기에 그렇다. 앞서 사람이란 인지발달에 위기가 있다고 말하였는데 사람의 인지 발달에 가장 중요한 시기가 출생 12~24개월의 영아기와 이후 유아기 때이다. 이때가 각 개인의 잠재의식이 형성되는 시기로 부모의 헌신적인 사랑과 교육에 따라서 사람의 인생을 좌우하게 된다, 라고 성격심리연구학자들은 말하고 있다. 그런데 현대사회는 육아를 담당해야 할 주부들이 직장에 나가서 돈을 벌어야 하는 당위성에서 오는 갈등이 있다. 자신은 일도 하고 싶고 돈도 벌고 싶다. 물론 현대사회는 돈이 생명이다. 그러나 무엇이 더 중요한 것인가? 돈인가? 자신이 낳은 자식의 인생인가? 종교의 경전만큼이나 혼란스럽다. 필자는 당연히 자신이 낳은 자식의 인생에 초점을 맞추는 것이 현명하다는 생각을 하는 것이다. 때를 한번 잃으면 이후 더 큰 비용과 더 많은 고통과 노력을 지불하기에 그렇다. 부모는 자식의 거울이며, 동시에 자식도 부모의 거울이다. 부모는 자신의 현재의 삶을 거울에 비춰보고 자신이 걸어가고 있는 길을 되돌아보고 사색을 하는 것이 중요하다. 물론 사색은 사물에 대하여 긍정적인 사색이라야 한다. 긍정적인 생각은 긍정적인 결과를 낳는다.

논리적으로 또는 이성적으로 불가능하여 보이는 꿈이 뜻밖에 실현되는 것이 많기 때문이다. 이것이 우연한 법칙The low of probability이고 행운good luck이다. 인생이란 때로는 우연한 법칙이 즉 행운good luck이 있기에 인생은 퍼즐게임이다.

※ 참고 사항

(1) 1486년부터 500년간 서양에서는 기독교적인 관점과 그리스 신화를 근거로 하여 세상의 모든 것을 이해 하려 하였고 해석하려 하였다. 그 기간 화가는 종교적인 그림을 그렸고 작가는 종교적이 글을 쓰고 조각가는 종교적이 조각하고 음악가는 종교음악을 만들어 내었던 것이다. 이것이 서양의 정신사이고 서양의 문화이다.

(2) 구약성서는 유대인(히브리인)의 역사이다. 시리아의 지배를 받았던 히브리인들은 로마가 시리아를 장악하고 이집트와 전쟁을 하고 있었다. 당시 히브리인들은 이집트 (그리스 이집트)에서 노예와 전쟁포로로 살았다. 모세가 이집트의 왕 "바로"를 만나 종 (노예) 상태로 있던 히브리인 200만 명을 탈출시킨다. 이것을 기념하는 것이 바로 유월절과 장막절이다. 히브리인들은 광야에서 40년간 방황을 한다. 이때 모세는 히브리인들의 노예근성을 씻어주기 위하여 십계명을 제정하고 자신들은 야훼 신

이 택한 백성이라는 신념을 심어주기 시작한다. 다시 이집트의 피라미드 토목공사에 동원되었던 유대인들을 이집트(페르시아) 왕 고레스가 다시 히브리인(유대인) 10만 명을 해방한다. 구약성서는 나라를 잃은 유대민족의 위대함과 위대한 정신을 심어주기 위하여 만든 난해하고 혼란스럽게 쓴 히브리인(유대인)민족의 비극적 역사이다.

신약성서에서도 다음과 같이 말하고 있다. “지구상의 많은 종교는 지구의 평화를 안겨주기보다는 오히려 인류의 평화를 깨고 종족 간의 다툼과 분열을 조장시키는 것이 종교의 본질이다”라고 (신약성서 누가복음 11장 52절) 기록하고 있다.

(3) 구 예루살렘 성전은 유대인들이 눈물의 기도를 하는 통곡의 벽이다. 나라를 잃고 방황하던 히브리인 (유대인)들은 오랫동안 기다리던 구세주(히브리어로 메시아, 그리스어로 크라이스트)가 나타나지 않자 66년 로마 제국에 반기를 든다. 이때 로마 황제는 “티우스” 장군에 명하여 예루살렘 성전을 파괴한다. 이것이 바로 통곡의 벽으로 유대인들이 찾아가서 눈물의 기도를 하는 곳이다. 당시 유대교 열성 신자 900명은 사해쪽으로 도망하여 “마사다” 산꼭대기로 가서 마지막 저항하다가 항복대신 집단 자결을 한다. 그리고 저항은 마무리된다.

(2011년 계간 참여문학 가을호 『글맛 47호』에 발표)

3분 간의 사색

1. 자유로운 삶을 위한 기도

세상에는 사람들이 인생을 살아가는데 3가지 방식three life style이 있다고 말한다.

하나는 자유로운 삶을 사는 사람이고, 다른 하나는 자유로운 삶을 추구하려고 노력하는 사람이고, 마지막으로 속세에 푹 빠진 사람들로, 마지막 날까지 쾌락만을 즐기는 사람과 죽는 순간까지 근심·걱정이나 하며 사는 사람과 그리고 종교에 푹 빠진 사람과, 한 평생을 지루하게 보내며 사는 사람과, 죽는 순간까지 돈money만을 벌려고 하는 사람과, 그리고 죽는 순간까지 일works만 하는 사람들이 이에 해당한다.

그렇다면 자유로운 삶을 사는 사람은 누구일까? 보헤미안? 그들도 아마 자유로운 삶을 추구하려는 사람들이 아닐까? 필자는 자유로운 삶을 추구하려는 사람이다. 그래서 아주 오래전에 자신을 구속하는 모든 전통과 관습과 종교의 굴레에서 벗어났다. 뿐만 아니라, 오래 전에 세상에서 말하는 출세라든가, 성공이라고 하는 굴레에서도 벗어났으며, 돈money의 구속에서도 벗어났다. 나름대로 자신을 구속하는 모든 것들로부터 벗어나 자유로운 삶을 살려고 노력하고 있다. 그래서 정치와 윤리와 도덕, 그리고 전통과 관습의 제반 문제에 관심이 별로 없다.

그러나 아직까지도 나는 자유롭지 못하다. 이유는 40년이라는 세월을 나와 함께 괴로움과 슬픔과 기쁨을 그리고 고통을 함께 하여온 사랑하는 아내가 우울증으로 심한 고통을 받고 있기에 그렇다. 아내는 50세 전후 갱년기. 이때부터 갱년기 우울증인가, 유전적 원인인가? 의학 전문지식이 부족한 필자는 원인을 알지 못한다. 여하튼 아내는 우울증으로 10여 년이 넘도록 매월 정기적으로 신경정신과 병원에 다니면서 매일 항우울증약을 복용하고 있다. 그런데도 불구하고 이번에 다시 재발한 것이다. 심한 우울증은 2~3년을 주기로 재발이 되어 매우 심한 고통을 받고 있다. 전문 병원에서 처방한 약물로 치료를 받고 있지만 요즘 매일 우울증으로 고통을 받는 아내의 모습을 지켜보는 것은 피할 수 없는 괴로움이다. 차라리 내가 아내의 무거운 짐을 대신 질 수가 있다면! 그러한 생각을 하기도 하지만 그것은 불가능하다. 삶이란 무거운 짐이다. 모든 사람은 삶이라는 중압감(스트레스)을 받으며 살아가야만 한다는 것이 우주의 법칙이라는 것을 잘 알면서도 요즘 무척이나 힘들다. 구속하는 모든 것들에게서 벗어났다고 생각하였는데, 그런데 그게 아니다. 살아 있는 동안 모든 사람은 고통과 괴로움에서 벗어날 수가 없는 것이다. 싫어하는 사람과의 만남도 괴로움이요, 싫어하는 사물이나 물건을 보는 것도 괴로움이요, 귀의 거슬리는 소리를 듣는 것도 괴로움이다. 사랑하는 사람이 질병으로 고통을 받고 있는 모습을 바라보는 것도 참기 어려운 고통이며 괴로움이요, 사랑하는 사람을 다른 세상으로 떠나보내는 것도 괴로움이다, 고향을 떠나는 것도 괴로움이다. 또한 원하는 것을 얻지 못하는 것도 괴로움이며 고통이다. 자신이 늙어가고 병들고 고통 받음도 괴로움이다, 누가 삶의 고통과 중압감에서 벗어날 수가 있단 말인가? 돈이 많은 사람이, 아니면 크게 출세한 사람이, 아니면 많이 배운 사람이? 아니다. 어느 누구도 삶의 고통과 중압감에서 벗어날 수가 없다. 그런 이유로 해서 석가Buddha는 사랑하는 아내와 자식도 버리고 고행을 하였고 예수Jesus도 스스로 광야에서 수행과 기도를 한 이후 당시 로마법에 위반하는 반역행위를 스스로 범하여 십자가에 처형을 받지 아니하였던가! 무하마드Muhammad도 삶의 문제로 고행하였으며 세계 최초의 종교창시인 조로아스터Zoroaster도 삶의 문제로 고민하다가 스스로 고통의 길을 택하여 고행과 방랑생활을 하다가 반대파에 의해 죽임을 당하였다. 방랑생활과 고행은 고통의 삶이다. 기쁨이 지나면 다시 고통의 시작이요, 고통이 지나면 다시 평화와 기쁨이 오는 진리를 그들은 일찍이 깨달았기에 방랑과 고행을 택한 것일까? 삶의 밑바닥까지 추락하여 절망despair하였거나 아니면 질병으로 또는 사고로 죽음death을 경험하면 "극적인 의식의" 변화를 가져온다고들 흔히 말한다. 필자는 2007년 2월 24일 예기치 못한 교통사고로 얼마 동안 완전히 의식을 잃고 있다가 다시 의식을 되찾았다. 그 이후로 많은 변화를 하였지만 아직도 지혜를 얻지 못하였나 보다!

그래서 지금 이렇게 괴로워하고 있다. 지혜wisdom는 지식knowledge과는 완연하게 다르다. 모든 사람은 개인마다 처한 상황situation과 사연이 독특unique하다. 따라서 모든 사람은 각자 자신이 처한 처지에서 생각하고 판단하며 말을 한다. 이것이 근본주의fundamentalism생각이며 편견이다. 사람마다 각기 말 못할 사연이 있다. 그런 사연에 대한 고려가 부족하기에 사람들은 서로가 충돌하고 괴로워하며 고통을 받는다. 부부가 한 지붕 아래에서 한솥밥을 먹고 살아가지만 각자 처한 처지가 똑같지가 않다. 꽃을 볼 때 내가 꽃이 되어 꽃으로 살고 꽃으로 피는 의식으로 살아야 하는데 그렇게 못하니 괴로운 것이다. 장자는 말하기를 모든 인간은 우물 안 개구리라고 말을 하였다. 그는 말하기를 많은 사람들이 실재를 보지 못하고 작은 구멍을 통해서 세상을 보기 때문에 사물을 그릇되게 인식을 한다, 하였다. 따라서 사물의 양면을 보지 못하고 한쪽 면만을 보고 자신과 의견을 달리하는 상대방에게 사소한 일에 시시비비를 가리려고 목숨을 건다, 하였다. 그렇다면 자아가 허구임을 깨닫게 되면 삶이 자유로워지고 세상은 아름답게 보일까? 그것도 아니다. 일찍이 인도의 석가Buddha는 친구들과 함께 고행하였다. 고행 도중에 친구들이 석가를 고행을 견디지 못하는 "가오타마"라고 말하며 모두가 석가를 떠난다. 석가가 고행을 끝내고 깨달음을 얻은 후 함께 고행을 하던 친구들에게로 다시 돌아와서 친구들에게 말하기를 자신을 고행을 견디지 못하는 "가

오타마"라고 부르지 말고 자신을 이렇게 온 사람 "여래如來" 즉 산스크리트어로 깨우침을 얻었다는 싯다르타Buddha로 불러 달라고 부탁하였다.

현대는 과학의 발달로 질병으로 말미암은 고통이 있으면 곧장 병원으로 달려간다. 인간은 나이가 들고 질병으로 말미암은 고통을 겪다가 죽음에 이르는 것이 우주의 법칙이지만 현대 생명과학은 질병과의 끊임없는 전쟁을 한 결과로 인간의 평균수명 연장으로 인생 100세를 사는 시대가 되었다. 지금은 많은 사람들이 단잠을 자고 있는 새벽시간이다. 평상시와 다름없이 새벽1시에 잠이 깨었다. 식당으로 달려가서 단숨에 물 한 컵을 마시고 나니 갈증도 해소되고 어제 저녁까지만 해도 심한 두통으로 고통을 받았는데 지금은 어느 정도 머리가 맑아 기분이 너무나 좋다. 이러한 기쁨은 나로 하여금 침대에 가만히 누워 있지를 못하게 한다. 그래서 이른 새벽 이렇게 글을 쓰고 있다. 나에게 글을 쓰는 일은 정신적 번뇌를 해소하는 유일한 카타르시스이다. 철학자들은 정신적 정화활동을 카타르시스catharsis라는 말로 정의하여 왔고 카타르시스라는 말은 괴로움이나 갈등, 슬픔, 고민과 같은 정신적 고통을 배출하는 수단을 의미한다. 어제까지만 해도 감기몸살 때문에 심한 두통으로 고통받았다. 하찮은 몸살감기로 고생을 많이 하였다고 하는 사람이 있을지 모르겠다. 그렇다. 무슨 일이든, 자신이 당해보지 않으면 결코 사물에 대한 이해를 못하는 것이 인간지사이다.

지난 3월초 목구멍이 따끔따끔하여 물을 마시기가 곤란하여 바로 동네 병원에서 처방한 약을 복용하였지만 가벼운 두통을 동반한 오한과 발열이 계속되었다. 가벼운 오한과 발열 그리고 가벼운 두통이 지속되었지만 대수롭게 생각 않고 동네병원에서 계속하여 진료를 받고 처방약을 복용하였다. 가벼운 두통상태는 거의 한 달(30일)간 지속하였다. 그런데 지난 토요일 저녁 갑자기 정말로 견디기 어려운 심한 두통이 왔다. 진통제를 복용하였지만 효과가 없다. 심한 두통으로 온 밤을 뜬 눈으로 보냈다. 밤새 고생을 하다가 급기야 다음날 이른 새벽 시내에 있는 B병원 응급실로 가게 되었다. 설상가상으로 오늘은 일요일이다. 병원당직의사가 하는 일이란 것이 고작 머리 CT 촬영과 그리고 진통제 약 처방이 고작이다. 진통제 복용도 소용이 없다. 두통은 지속이 되었고 내가 너무 괴로워하니까 아내는 시집간 딸에게 전화를 하였고 새벽에 전화를 받은 딸은 매우 놀라서 B병원으로 급하게 달려왔다. 놀랜 딸은 겁이 났는지 대도시 큰 병원으로 가야 한다고 서울로 차를 몰았다. 여기는 S대학 병원이다. 대학병원 응급실 뇌신경 담당의사는 검사부터 해야 한다고 말하며 흉부촬영, 그리고 머리 CT촬영, 피(혈액)검사를 하였다. 결과는 아무 이상이 없다는 것이다. 빌어먹을! 담당의사의 말만을 듣고 귀가할 수밖에 없었다. 정말로 하찮은 감기로 이렇게 큰 고통을 받다니!

동네 의원으로 다시 통근 치료를 받았다. 이후에도 며칠 동안을 심한 고통을 겪었다. 지난 3월 1개월 동안을 두통으로 인하여 좋아하던 산문prose의 글을 쓰지 못하는 것이 더욱 나를 힘들게 하였다. 이제 두통의 고통에서 벗어났고 참 기쁨을 얻었다. 내가 고통을 받고 슬퍼하는 동안에도 넓은 세상은 대지가 잠에서 깨어나 새로운 생명의 기운이 충만하고 세상은 생기와 기쁨으로 넘치고 있었다. 지금 이 순간도 현대의학은 아주 하찮고 아주 작은 병원미생물과의 전쟁을 하고 있지만, 아직까지도 인간에게 고통을 주는 아주 극히 적은 병원성 미생물virus을 완벽하게 퇴치를 못하고 있다. 나는 이른 새벽 산책을 끝내고 나서 다른 사람들이 모두 잠을 자고 있는 시간에 잡문miscellany 또는 산문prose을 쓰고 있는 이 순간이 가장 즐겁고 행복한 시간이다. 그 이유는 이 복잡한 세상에서 산문의 글을 쓰며 카타르시스를 얻기 때문이다.

위선자僞善者

정오가 지난 조용한 오후이다. 전화벨이 울린다. 보이스피싱(전화사기)인가? 아니면 텔레마케팅인가? 반신반의하며 전화기의 발신자 번호를 힐끗glimpse보니 모르는 전화번호이다. 요즘 도시는 물론 시골농촌 가릴 것 없이 전국적으로 전화 사기가 극성을 떨고 있다. 문명도 자연법칙에 따라 발생과, 성장, 개화, 결실에 이어 소멸의 과정을 겪는다. 사람들이 쉽게 먹고 살려고 하니까, 요즘 사기가 극성이다. 영원한 낮light과 영원한 밤dark이 없듯 풍성한 여름철에 다가오는 겨울을 철저하게 준비하였더라면 지금과 같은 경제적으로 칼바람이 불어서 오장육부를 얼게 하며 영혼을 아프게 하는 일이 생기지 않았을 텐데 하는 생각을 하게 한다. 계절이 순환하듯 세상의 모든 일이란 순환cycle 법칙에 따른다. 문명도 예외일 수 없다. 초강대국 미국에서 사상 처음으로 달변가 흑인 오바마가 미국의 대통령으로 당선되었다. 문명의 발달에 따른 급격한 민주화 바람은 자신의 몫을 강하게 챙기려는 요구가 팽배해지고 과학의 발달에 따라 인터넷과 디지털, 휴대전화(c.p)가 상용화와 일반화되면서 사람들은 성급함이 증가하고 있으며 잠재의식과 지성과의 갈등을 겪고 있다.

과거의 전통과 관습은 빠르게 사라지고 합리주의를 추구하는 과정에서 개인들의 감성이 지배하는 사회로 변하고 있다. 필자는 자주 산행을 다니다 보니 다양한 계층의 사람들을 만나게 되고 다양한 대화를 하는 기회가 주어진다. 좀처럼 문밖출입을 하지 않는 필자에게는 다양한 계층의 사람들에게서 듣는 이야기에서 때로는 놀라움과 당혹감embarrass을 느끼기도 하며 세상의 변화에 대한 약간의 두려움조차 느낄 때가 있다. 얼마 전에 금수산錦繡山 산행을 하고 하산하는 도중에 한 무리의 동료 여성회원들을 만나게 되어 그들의 이야기를 듣는 기회가 있었다. 50대 중·후반 여성들이다. 비교적 걸걸한 목소리에 입담이 좋을성 싶은 그 중년의 여성은 필자가 안중에 없다는 듯이 비교적 큰소리로 시종일관 계속하여 자신의 남편에 대한 불평을 쏟아내고 있었다. 가끔은 필자의 얼굴을 힐끗 보기도 하면서 말이다. 함께 한 중년의 여성들은 걸걸한 여성이 자신의 남편에 대하여 비난을 털어놓는 말에 기분이 좋은 표정들이다. 그네들도 자신들이 하고 싶었던 말을 대신하기 때문일까? 아니면 자신들의 모자람을 이런 식으로 채우려는 것일까? 그렇게 자신들의 남편들이 결점이 많고 성격이 맞지 않아 행복하지 못하면 왜 그들은 자신의 남편과 함께 살아가고 있을까? 이혼하여 현재의 남편보다 더 좋은 남자를 만날 능력도 없으면서 아니 이혼하여 혼자서는 인생을 살아갈 능력도 없는 사람들이 왜, 저런 방법으로 스트레스나 문제를 풀려고 하는 것일까?

그것은 아주 질적으로 나쁜 습관이다. 미운 어미 오리를 죽이고 싶으나 알을 많이 낳기에 잡아먹지 못하나? 위선자들! 듣기에 민망스러워 발걸음을 재촉하여 그네들을 앞서서 하산하였다. 그러나 기분은 가라앉아 있다. 우울감이 엄습한다. 그리고 연쇄반응으로 꽤나 오래 전 이야기가 연상이 된다.

과거 직장에 다닐 때 일이다. U씨라는 젊은 신규 직원이 발령을 받아 필자와 같은 사무실에서 함께 일하게 되었다. 그 젊은 직원은 아이가 둘이나 되는 기혼자였다. 젊은 직원은 가끔 부부동반으로 필자의 집을 방문하곤 했는데 신규 직원 부인은 자신의 남편이 눈에 보이지 않기만 하면 남편에 대한 비난과 불평을 쏟아대다가 남편이 나타나면 온갖 아양과 교태를 떠는 것이다. 처음에는 젊은이들의 열정과 사랑으로 받아들이고 하였는데 이후에도 변함이 없었다. 그것은 악질적인 습관성이었고 그녀는 악질 위선자이었다. 그것을 알고 난 이후로 방문을 거절하였다. 하기야 일부이긴 하지만 여자들이 친목회, 또는 동창회와 같은 모임에서 자신들의 남편들을 비난하는 것으로 일상에서 생기는 스트레스를 풀고 있다는 말이 들리기도 한다. 이 세상은 위선자hypocrites로 가득 찬 세상이라는 생각이 든 것이다. TV 드라마의 영향과 디지털과 인터넷, 휴대전화의 일상화에서 오는 성급함은 개인을 내면의 잠재의식과 지성과의 갈등으로 빚어지는 이중성격, 삼중성격으로 만들고 위선자로 만들고 있지나 않은지? 사람들이 보는 앞에서는 인격자로 보이려고 사이비 신사로 사이비 숙녀snob로 행동을 하나 사람들이 보지 않는 곳에서는 아주 파렴치하고 몰지각한 비인격자로 행동하면서도 자신은 위선자나 파렴치하다는 생각을 아니하며 살아가는 것이 현대인들이라는 생각을 하게 한다. 스스로 회개悔改 하는 것을 잊어버린 사람들! 어찌 보면 이 모든 것들은 현대문명이 만들어내는 깊은 함정인지도 모른다. 너무 무료하여 TV와 컴퓨터와 인터넷과 휴대전화가 없이 인생을 살아갈 수 없는 현대인들! 그리고 기계에 점점 무력해지는 현대인들! 현대를 사는 모든 사람은 아마도 모두가 위선자이며 이중인격자라고 말을 한다면 필자를 지나치다고 할까? 여유가 없는 현대인들이여! 다른 사람을 비난하면 자신이 비난을 받게 되고, 다른 사람을 심판하면 자신이 다른 사람들로부터 심판을 받게 된다는 말을 한번쯤 생각을 하고 말과 행동을 하면 어떨까? 그러면 지금보다 훨씬 살기 좋은 아름다운 세상이 될 텐데!

S요양원The sanitarium

1. 영혼을 잃어버린 사람들

어제는 온종일 강풍이 불더니 오늘은 봄비가 촉촉하게 소리도 없이 내리고 있다. 온 세상이 화사하게 그리고 흐드러지게 핀 꽃이며 나뭇가지에는 파란 새싹이 파릇파릇 돋아나고 있고, 온갖 들새들이 보금자리 둥지를 만들고 짝짓기에 여념이 없다. 짝을 찾지 못한 들새들은 자신의 짝에 애절하게 구혼을 하는 노래를 부른다. 세상은 새 생명의 탄생 기운이 충만하고 새로운 기운이 충천한다. 4월April은 새로운 생명이 탄생되는 축복의 달이기도 하고 기쁨의 달이기도 하지만, 다른 한편으로는 강한 바람, 바람을 동반한 봄비, 자외선이 강한 햇살, 낮과 밤의 심한 온도의 일교차로 새로운 생명이 탄생하는데 필연적으로 오는 산고의 고통이며 시련이기도 하다. 또한 새로운 삶을 시작하는 생명체들이 버거운 삶을 시작해야 하기에 4월은 알파Alpha의 달이기도 하는 동시에 잔인한 달이기도 하다. 어느덧

4월도 하순에 접어들었다. 전화벨이 울린다. 수화기를 들어보니 까치놀 악단에서 활동하는 K형이다.

지금 S요양원에 있으니 그곳에서 필자와 만나자는 말을 한다. S요양원은 필자가 사는 집에서 불과 2km 떨어진 곳에 있으며 도보로는 15분 거리에 있다. 요양원이 필자가 사는 동네에 있으나 과거에는 관심이 없었다. 그래서 방문한 적이 없다. 그리고 그곳에서 일하는 직원들을 전혀 알지 못한다. 그런데 K형이 그곳에서 만나자고 하는 것이다. 처음에는 망설임이 있었다. 그러나 호기심이 있기에 만남의 약속을 하였다. 모두가 나이가 든 탓이다. 요양원 방문은 이번이 평생 처음이다. 오후 2시 집을 나서자 온종일 내리던 봄비는 그치고 하늘은 잔뜩 흐려 있다. 금방이라도 다시 빗방울이 떨어 질 것 같다. 농로를 따라 한동안 걸으니 과수원이다. Y자형의 배나무 가지에 핀 배꽃이 내게 미소를 보낸다. 필자도 미소로 응답하고 마음속으로 웅얼댄다. "그래! 맛 좋고 큼직한 과일을 많이 맺어다오! 그리하여 농민들의 시름을 덜어주게!" 배나무는 아무 말이 없다. 이런저런 생각을 하며 한동안 걸으니 S요양원 건물 앞이다. 건물 대문이 잠겨 있다. 안내문을 읽어보니 방문객은 사무실로 전화를 하라는 내용이다. 전화를 하자 여직원이 나와서 반갑게 문을 열어 준다.

젊은 여직원은 필자를 강당으로 안내한다. 강당에는 요양원에 입원하고 있는 환자 50여 명이 질서정연하게 자리에 앉아 있다. 이미 까치놀 밴드의 공연은 진행되고 있었다. 필자를 초대한 K형은 섹소폰을 연주하며 필자에게 눈으로 인사를 보낸다. K형은 자신들이 하는 위문공연을 필자에게 관람시키려고 그곳에서 만나자고 한 것이다.

잠시 연주를 감상하고 슬며시 공연장에서 나와 요양원 주위를 둘러 보았다.

현대적 건물에 비교적 깨끗한 시설로 되어 있다. 그리고 원장을 비롯한 운영진의 인적사항을 살펴보니 종교단체에서 운영하는 자선단체기관이다. 입원 환자는 50여명, 환자 구성원 분포를 살펴보니 57세부터 89세이다. 남자가 30퍼센트, 나머지 70퍼센트가 고령의 여성분들이 대부분이다. 등급이 1~3등급 환자들로 26퍼센트인 13명이 휠체어에 앉아 있다. 고령의 치매 환자들은 즐거운 악단연주에도 대부분이 반응이 없이 무표정이다. 20퍼센트의 환자들만이 악단연주에 리듬에 따라 약간 몸을 들썩이는 모습이 눈에 들어오는 것이다. 저 분들도 지나간 세월에는 젊음이 있었을 텐데! 저분들을 보면서 인생에서 영원한 것은 없다는 생각이 머리를 스친다.

이제는 삶에 지치고 무심한 세월에 눌려서 세상에 대한 아름다움을 느끼지도 못하는 것이다. 지적기능을 상실하여 치매 dementia요양원에서 죽음의 날만을 기다리고 있다. 측은한 마음에 잠시 인생은 비극이라는 생각이 들며 노인성 치매에 걸려서 오래 산다는 것은 어찌 보면 인류의 재앙이라는 끔찍한 생각이 들기조차 하는 것이다. 이내 우울한 마음은 요양원을 빨리 나서야 한다는 생각이 들었다. 필자를 초대해준 K형과 요양원 원장님에게 고맙다는 인사를 하고 서둘러서 S요양원을 나왔다.

2. 바로 이 순간이

이제 우리나라도 고령화시대로 접어들었다. 이제 의학의 발달로 인생 100세를 사는 시대가 된 것이다. 고대로부터 5가지 복에 해당하는 것이 장수한다는 것인데 그 소원을 현대의학이 해결한 셈이다. 그런데 최근에 노인자살이 증가 추세에 있다. 왜 노인들이 자살을 하려하고 자살을 하는 것일까? 이웃마을에 사는 돈이 많은 사람이 자살을 시도하려고 하였다. 돈은 있는데 늙어서 기력이 떨어지는 서러움과 무료와 권태와 고독이 원인일까? 아니면 희망을 잃어버린 것이 원인일까? 노인들의 속마음을 어찌 헤아리겠는가? 여하튼 중풍palsy이나 노인성치매dementia와 같은 노인성 질병은 노인들에게 치명적인 질병이다. 일명 파킨슨병으로 알려진 중풍palsy 또는 망령이라고 부르는 노인성치매에 시달리는 노인들의 삶을 보고 절망한 것일까? 누구나 늙으면 추해진다. 더럽고 추잡한 몰골을 보면서 미래의 자신의 모습을 상상하고 그러한 결단을 하였는지, 어떤지는 전혀 알 길이 없다.

다만, 나는 노인들의 자살이 잘못된 행위이다, 아니다, 하는 시시비비를 가리려는 것이 결코 아니다. 다만, 나이가 들면 세상의 모든 것이 허무하다는 생각이 들기 쉽다는 것이다. 여기서 말하고 싶은 것은 인생이란 허무하다는 생각과 인생이란 그렇고 그런 것이라고 하는 생각을 버리고 오늘이 인생의 마지막 날이라는 생각으로 바꾸면 생의 기쁨이 넘치지 않을까? 그리고 세상이 아름답게 보이지 않을까? 노인성 치매, 일명, 망령이라고 불려지는 치매imbecility는 과거에는 악마devil의 소행으로 생각하거나 악령이나 귀신ghost이 몸에 들어온 것으로 생각했다. 그러나 오늘날 치매dementia는 의학의 발달로 뇌 기능의 퇴화에 의한 질병인 정신적 질병으로 밝혀졌다. 뇌의 기능은 바로 생명이다. 심장의 기능이 멈추고 동시에 뇌의 기능이 정지되는 것이 죽음이다. 라는 사실을 우리는 너무나 잘 알고 있다. 생명은 영혼spirits이며 마음mind이다. 생명life은 고대 히브리어로 "프시케" 또는 "네페시"라고 하였다. 이 말의 의미는 영혼을 뜻하는 말로 영혼은 영어로는 스피리트spirits 즉 생명을 뜻한다. 따라서 노인성치매senile dementia는 흔히 말하기를 영혼을 갉아먹는 질병으로 말을 하지만 지적기능 저하가 만성적으로 진행된다는 사실이다. 치매증상이 오면 장소, 시간, 감각, 감정이 기능이 상실된다. 왜 이러한 현상이 오는 것일까?

세월이 가고 사람이 나이가 들면 신체조직을 구성하는 것이 세포인데 새로운 세포 생산이 줄어들게 되기에 신체를 구성하는 조직도 줄어들게 되고 신체기능도 저하된다. 치매나 중풍은 얼굴이나 팔과 다리에 극심한 경련도 일어나기도 하며 뇌의 인지능력이 떨어지는 질병이니 치매나 중풍에 걸린 사람들을 보고 과거에 오죽했으면 하늘이 내린 천벌로 생각하였을까 하는 생각을 하게 한다. 중풍과 치매는 필시 유전적 요인이 작용하고 있지만 앞서 언급한 바와 같이 일부는 갑상선 호르몬기능 저하가 원인이라는 사실도 밝혀졌다. 따라서 생명을 뜻하는 영혼은 생화학에너지의 복합체이기에 따라서 젊은 사람에게 오는 치매Alzheimer's disease나 노인성 치매dementia, 그리고 무서운 중풍palsy의 공포에서 벗어나려면 제시간에 제대로 된 식사를 하고 적당한 운동은 필수적이며 무한한 욕망에서 벗어나 독서와 자연을 즐기며 심한 스트레스와 충격shock으로부터 벗어나는 생활을 해야 한다. 이것이 무서운 중풍과 치매로부터 해방되는 삶이다. 따라서 인생에서 영원한 것이 없듯이 젊음도 한때이고 명예도 기쁨도 슬픔도 한때이다. 따라서 가장 중요한 것은 어제도 내일도 아닌 바로 이 순간이라는 생각을 하게 하는 것이다.

(2011년)

인간은 고독한 존재

인생이란 때로는 사는 것이 지긋지긋하다는 생각이 들 때도 있고 또한 자신이 무능력하다는 생각에서 오는 무력감으로 매사가 귀찮아질 때도 있다. 특히 직업이 없는 사람이거나 할 일이 없는 사람은 때로는 살아가는 것이 너무 무료하고 따분하여 견디기 어려운 때가 있는 것이다. 심지어 직장에 다니는 사람들조차도 직업works이 진력이 나서 직업을 그만두고 싶은 때가 종종 있고 돈이 없어서 자신이 하고 싶은 것을 못해 우울해지거나 좌절감으로 세상에 대하여 화anger가 날 때도 있는 것이다. 이것이 인생이다. 이때 이러한 처지를 인정해주고 부드러운 말로 위로를 받고 격려 받기를 원하지만, 주위에 그러한 사람이 없다. 현대사회가 너무 복잡하고 너무 빠르게 변화하기에 그렇다. 그리고 사람들마다, 먹고 살기에 급급하다. 그래서 각자 자신을 추스르기에도 벅차다. 주위에 사람들은 많으나 사람마다 외롭다. 현대는 모든 사람들마다 상대방이나 다른 사람들이 자신의 기분을 맞춰주기를 기대하며 그리 생각하고 있기에 상대방에 대해 배려하려는 마음의 여유가 없다.

모든 사람은 사랑love을 원한다. 사랑을 얻으려고 돈을 벌려고 하고 일을 하려고 하는 것이다. 그러나 인생에 있어서 영원한 것은 없다. 사랑도 변하기에 영원한 사랑love은 없기에 그래서 사람들은 더욱 외롭다. 또한 개인주의사회에서는 사람마다 어느 누구도 종servant이나 시녀maid와 같은 노릇하기를 원하지 않는다. 사람마다 모두가 사람 대우를 받고 싶어 한다. 그래서 사람들과 만남에서 아주 사소한 문제로 대화 아닌 말다툼이 종종 발생된다. 자신의 말을 알아주지 않고 자신을 인정하지 않는 것에서 오는 불만감의 표출현상이다. 의회기관인 국회도 마찬가지다. 국민의 대표자라고 하는 여야 국회의원조차도 토의와 토론은 고사하고 상호 투쟁하는 모습을 보면서 상황은 국민 개개인들과 별다름이 없다는 생각을 하게 한다. 대표자라는 사람들이 그러하니 국민들이야 두말할 나위가 있겠는가? 그래서 모든 사람은 사랑을 원한다. 그리고 자신의 기분을 맞춰줄 친구를 만나서 격려나 위안을 받고 싶기도 하고 아니면 새로운 친구를 사귀고 싶기도 하다. 그러려면 돈이 필요하다. 그리고 친구가 아닌 사람들로부터 위안을 받으려면 반드시 서비스에 대한 대가 즉 돈money을 지급해야 한다. 그런데 가진 돈이 없다. 돈money이 없기에 좌절을 겪는다. 위안이나 격려를 받지 못하는 데서 그리고 자신이 지금 하고 싶은 것을 못하는 것에서 오는 스트레스가 쌓이게 되고 이를 풀지 못하는 것에서 오는 서러움과 외로움이 있다.

현대사회는 모든 것을 돈으로 거래하는 사회이다. 돈money이 사람을 구별하고 차별화시킨다. 그러나 대부분 사람은 돈이 없다. 극히 일부 사람들인 재벌들에게 돈이 집중되어 그들만이 대우를 받으며 풍요를 누린다. 돈이 없는 대다수 현대인들은 모두가 삶이 고달프고 외롭다. 기나긴 우기raining period가 끝나고 불같이 뜨거운 태양의 열기가 대지를 뜨겁게 달구고 있다. 매미와 쓰르라미가 뜨거운 태양을 향하여 한껏 노래하고 있다. 이와는 반대로 사람들은 뜨거운 열기와 공중습도가 높아 불쾌지수가 올라간다. 입맛도 떨어지고 별로 한 일이 없는데도 피로가 쌓이고 짜증스럽다. 지금 아내는 외출 중이다. 순간 후덥지근한 더위를 이기기 위하여 체력을 보강해야겠다는 생각이 떠올랐다. 그래서 점심식사로 보신탕이나 하려고 이웃마을에 사는 친구들에게 전화를 걸었다. 우연의 일치인가? 전화 수화기에서 흘러나오는 말은 모두가 한결같이 가족과 함께 외지로 피서를 떠났다는 말과 함께 미안하다는 친구들의 목소리만이 나의 귓전을 울린다. 맙소사! 세상은 참으로 많이 변하였다. 여름 피서하면 도시에서 직장생활을 하는 사람들의 전유물로 생각하여 왔는데! 이제는 농민들도 피서를 떠나는 세상이 되었다. 동네 사람들 눈에 필자가 혼자 외식하는 초라한 모습으로 비치는 것이 싫어서 밖에 나가지 않고 집에서 간단하게 점심을 대신하였다.

그리고 커피 한 잔을 마시고 나자 생각은 황야의 벌판에서 방황한다. 순간 냉엄한 세상에 홀로 낙오자가 된 것 같은 느낌이 들자 서러운 마음이 들기 시작한다. 나이를 먹어서 그리고 체력과 기력이 떨어지는 것에서 오는 서러움인가? 아니면 이 세상에 나와 평생을 형편없는 삶을 살아온 회한에 대한 서러움인가? 지난 70여 년의 긴 세월을 열심히 살아왔다고 생각을 해보지만 돌이켜보면 지나간 삶 자체가 어리석음으로 점철되고 뒤범벅이된 삶 바로 그것이었다. 모두가 자신이 지혜롭지 못하고 우둔하고 어리석음에서 비롯한 것이라는 생각이 미치자 자신에게 화anger가 나기도 하는 것이다. 밑바닥의 삶의 한계를 넘어 보려고 발버둥치며 노력을 하였지만 결국 그 한계를 극복하지 못하였다. 평생을 국가기관의 작은 조직사회에서도 가장 밑바닥의 생활을 하여온 별볼일 없는 삶에서 오는 회한의 서러움이며 고독이다. 모든 사람은 각기 말 못할 사정과 사연이 있게 마련이다. 그렇다. 살아간다는 것은 모든 사람에게 무거운 짐이다. 어느 사람이 삶의 중압감에서 벗어날 수가 있단 말인가? 아무도 없다. 그 누구도 없다. 그래서 사람마다 말 못할 사연이 있게 마련이고 사람마다 각기 가지고 있는 사연은 아주 독특하고 극적이며 매우 다양하다.

그로인해 사람마다 생각이 다르고 사람마다 판단이 다르고 세상과 사물에 대한 가치관이 다르다. 동일한 이유로 사람마다 철학관이 다르며 인생관이나 종교관에 따라서 각기 다양한 삶을 살아가는 세상이지만 필자는 친구들과 우정을 사랑을 교환reciprocation하고 싶은 기회를 갖기를 열망하는 사람에 속하는 것이다. 그러나 현재도 그렇고 과거도 그러하였으니 돈money이 있어야 한다. 그런데 돈money을 벌기가 어디 쉬운가? 현대사회는 평생직장이라는 개념이 사라지고 직업을 얻기보다는 오히려 직업을 잃기가 쉬우니 하루 3끼 밥 먹고 사는 일이 어찌 수월하다고 말을 할 것인가? 그리고 돈money만 있고 교양이 없으면 짐승에 가깝고 교양과 지식은 있되 돈money이 없으면 이 역시 사람대접을 받지 못하니 어찌 인생에 대하여 고뇌하지 않을 수가 있으며 어찌 인생이 고달프다, 고독하다, 말을 하지 않을 수 있겠는가? 그래서 필자는 지금 인생을 살아간다는 것은 고달프고 서럽다고 말을 하는 것이다. 모든 사람은 삶의 무거운 짐을 지고 있는 것이다. 더욱이 튀지도 못하고 탁월한 재능을 갖지 못하여 부를 축적하지 못한데다가 심지어 음덕(조상이 유산으로 남겨준 재산)도 별로 받지 못한 필자와 같은 대다수 서민들은 인생이 서럽고 고독하다고 말을 하는 것이다.

그런저런 이유로 필자는 마음을 열고 사물을 관찰하여 왜why라는 문제에 해답을 얻어 보기도 하지만 역시 삶이란 산술적으로 계산되지도 않고 논리적으로 설명도 되지 않는다는 사실을 깨닫는다.

그래 인생이란 죽는 마지막 그날까지 배우고 익히며 깨달음을 얻는 것이라는 생각을 하며 자신을 위로하며, 오늘 하루도 집을 나선 나그네의 심정으로 나의 남은 인생의 길을 말없이 걸어간다.

(2011년 8월 18일)

이방인異邦人

모든 사람은 일상적인 관습에 젖어 삶을 살아가는 것이다. 농촌에서 태어나서 성장하고 늙어가고 있는 필자는 시골 환경에 아주 익숙하여 있고 자신이 기거하는 집에서의 생활이 행복하고 편하다. 자주는 아니지만, 가끔 불가피한 일로 집을 떠나 서울이나 기타 도시에서 생활하는 일이 있다. 물론 가족과 함께 있어서 먹고 잠을 자는 것에 대한 걱정은 없지만, 자신이 할 일이 없다. 그래서 너무나 무료하고 지루하다. 하기야 시골집에서 기거하면서도 딱, "이것이다"라고 하는 일이 없긴 마찬가지이다. 그러나 사는 시골집을 떠나 있으면 이방인처럼 매사가 낯설고 불편하다. 시골에서 규칙적으로 행하던 일상적인 습관이 깨져버리는 것에서 오는 불편함이다. 그래서 무료하고 지루한 많은 시간을 어떻게 보내느냐 하는 것이다. 이것은 보통 문제가 아니다. 물론 경제적으로 넉넉하다면야, 도시에 가서 볼 곳이 많으니 관광을 하는 셈치고 다닌다. 하지만 주머니 사정이 여의치 못하니 역시 마음이 편치 못하다. 그래서 궁여지책으로 생각한 끝에 돈이 전혀 들지 않는 방법을 찾는다는 것이 근처 공원에서 새벽에 달리기를 하고 한낮에는 인근 산을 산책하며 시간을 보내는 것이 고작이다.

이때 나의 생각은 지금 무슨 일을 하고 있나 하는 것과 일상적인 습관과 절연된 상태에서 오는 고립감 같은 느낌이 들 때가 있다. 고장 난 공중전화 부스에 있는 느낌이랄까? 여하튼 그런 묘한 느낌이 들 때가 있다. 오늘은 영동5교 다리 아래 벤치bench에서 하모니카를 연주하는 거리의 악사 한 분을 우연하게 만나 벗을 삼았다. 매일 노신사의 하모니카 연주도 감상하고 때로는 정겨운 대화를 나누는 기회가 내게 주어진 것이다. 필자가 우연하게 만난 이 노신사는 5년 전 초등학교 교장으로 정년퇴임을 하신 분이다. 퇴직 이후 경기도 광주에서 육계 5천 수를 남의 손을 빌리지 않고 직접 경영하면서 소득을 올렸다. 재미가 있어서 경영규모를 1만 수로 확대하여 경영하다가 무리하여 갑자기 뇌졸중으로 쓰러졌고 5일간 무의식 상태로 있다가 건강을 회복하였다. 과욕이 화를 부른 것이다. 다행이 신god의 축복이 있어서 제2의 인생을 살고 있다고 말한다. 그리고 자신은 과거에 은마 아파트에서 30년 간을 살다가 지금은 구로구로 이사하여 살고 있는데 지난 세월 은마아파트에서 사는 동안 매일 이곳 양재천에 나와서 산책을 하였는데 지금도 이곳 양재천이 그리워 매일 지하철을 타고 이곳에 오게 된다고 했다. 그리고 이곳에서 산책한다고 한다. 아마 이 노신사도 필자와 같이 과거의 일상적인 습관을 버리지 못하고 먼 곳으로 이사하였지만 교통의 불편함을 감수하고 습관에 의해 행복을 얻고 있는 것이 아닌가 하는 상상을 하게 한다.

이 노신사는 교직생활을 더하고 싶었다고 말하며 65세의 정년이라는 장벽이 없었더라면 하고 한숨을 내쉰다. 정년이라는 벽이 이 노신사가 가고 싶은 길을 막은 것이다. 65세라는 나이가 이 노신사의 인생항로의 종점이 되게 하였다. 모든 항로나 도로에는 우회항로나 우회도로가 있기는 하다. 그러나 우회도로도 이미 앞서 간 사람들이 자리를 차지하고 있다. 정년이라는 장벽은 인생의 모든 것의 끝을 의미하는 것인가? 아니다. 사람은 일해야 한다. 왜냐하면, 인생은 멈춰 있는 것이 아니라 항해하는 것이니까 말이다. 그러나 모든 자리는 앞서 간 사람들이 이미 모두 차지하고 있다. 새로운 일! 새로운 일은 우회도로이며 우회항로이다. 우회도로 우회항로에도 지금 많은 사람들이 줄을 서 있다. 명예퇴직이나 정년퇴직은 인생의 종점이 아니다. 죽음이 종점이다. 그렇다면 인생의 종점인 죽음이 오는 날까지 항해는 계속해야 하는데 어느 곳을 향하여 어떻게 항해를 하느냐 하는 것이다. 그래서 명예퇴직이나 정년으로 퇴직한 많은 사람들은 지금 이 순간 또 다른 이방인처럼 인생을 살아가고 있는지도 모른다는 상상을 하여본다.

이것은 하나의 기적이었다

한 치 앞을 보지 못하는 것이 우리네 인생이라는 말이 있다. 다른 사람의 죽음을 보고도 나는 죽음을 잊고 살아가고 있으며 질병에 시달리고 있는 다른 사람을 보고도 그러한 질병과 무관한 사람이라고 무심하게 아니, 착각을 하며 일상의 삶을 살아간다. 어떻게 보면 이러한 것이 인생이라는 생각도 하여본다. 미국의 작가 호손Nathaniel Hawthorne은 자신이 쓴 소설 "데이비드 스완"에서 다음과 같이 말하고 있다. "만약에 우리네 인생에서 미래에 일어날 수 있는 운명의 변화를 모두 알 수가 있다면 인간은 희망, 두려움, 놀람, 실망으로 가득찬 단 한 순간도 마음의 평화와 안식을 얻지 못한다고." 말이다. 그렇다. 구태여 미래에 대한 근심과 걱정으로 우울한 기분을 가질 필요는 없다. "인생이란 다 그렇고 그런 것이다.cest la vie" 필자가 운전을 시작한 것이 42세이었다. 그러니 운전경력 20여 년이 넘는다. 그동안 아주 사소한 사고도 없이 편리한 문명의 편리함을 마음껏 이용하고 이를 추구하며 행복한 삶을 살아왔다. 낮이 있으면 밤이 있듯 편리함 속에는 항상 위험이 있다는 사실을 잘 알고 있었지만, 현대사회는 자신만 법을 잘 지킨다고 안전할 수가 없다.

지난 2월 24일. 토요일 오후 사사로운 용무로 시내를 다녀와야 하는 일이 있었다. 용무가 끝나서 333 지방도로利川- 栗面를 평소에도 늘 그래 왔듯 그날도 규정 속도 60km로 안전운전으로 주행하다가 필자가 사는 마을에 거의 다 왔기에 좌회전을 해야 하는 지점으로부터 30m 전부터 좌회전을 위한 좌측방향 지시등(좌측 깜빡이 등)을 켜고 서행을 하며 전방을 확실히 확인하고 좌회전을 할 순간이었다. 갑자기 몸이 공중으로 붕 뜨는 느낌이 드는가 싶더니만 이내 정신을 잃고 말았다.

얼마간의 시간이 흘렀을까? 정신이 들어 눈을 떠 보니 눈에 들어오는 것은 황량한 들판풍경이다. 그리고 몸이 앞으로 쏠려 있는 느낌이다. 아무 생각 없이 운전석 문을 열려고 하니 창문유리는 박살이 나 있었고 문이 열리지 않는다. 정신이 없는 몽롱한 상태에서 가까스로 안전띠를 풀고 엉거주춤 조수석 차문을 열어보니 조금 열린다. 몸을 비벼서 겨우 차 밖으로 나와 뒤를 돌아보니 차의 보닛 전체가 늪지에 몸을 완전히 감추고 있다. 필자는 무의식속에서 언덕 위로 엉금엉금 기다시피 하여 겨우 도로로 올라가 보니 도로 위에는 119구급차, 경찰차, 레커차의 경광등red lamp에서는 붉은 점멸등이 껌벅거리고 있었고 소방대원 경찰관 등 그리고 얼굴을 알지 못하는 수많은 사람(구경꾼?)들의 웅얼거림이 있었는데 누구인지 그리고 무슨 이야기를 하고 있는지 상황을 전혀 알지 못하였다.

내가 비틀거리며 사람들이 있는 곳으로 다가가자 필자를 본 두 명의 소방대원이 내게 달려와서 부축해 구급차에 태운다. 필자가 가까스로 정신을 차린 것은 S병원. CT 촬영을 끝내고 나서야 내가 교통사고를 당하였다는 것을 알았다. 그리고 가해자(교통법규 위반자)는 서울에 사는 40대 중반의 K씨라는 사실도 알았다. 그는 장모(栗面에 거주)의 49재 제물祭物을 빼놓고 온 것을 알고 율면栗面 처가댁으로 급히 가려다 무려 5대의 차량을 추월하는 과정에서 좌회전을 하는 필자의 차를 발견 못하고 추돌하였다는 것이다.

제기랄Jesus Christ! 미개인未開人! 죽은 사람을 위한 제사祭祀=religious service가 그리 중요하단 말인가? 살아 있는 사람을 살인할 지도 모르는 불법추월을 하다니! 너무나 어이가 없었다. 넋 빠진 사람! 아마도 그는 "죽은 사람은 죽은 사람으로 하여금 장사 지내도록 하라."라는 경전經典도 읽어보지를 못하였나 보다. 그 무모한 범법자의 행위로 필자는 나의 승용차와 함께 70~80m 되는 거리를 공중 비행하여 물웅덩이(늪지)에 거꾸로 착륙하게 되었다는 사실과 물웅덩이(늪지)로 떨어진 바람에 충격을 덜 받게 되었다는 사실도 병원에서 알게 되었다. 필자는 죽음과 같은 혼수상태로 한 동안 있다가 아름다운 세상의 빛을 다시 보게 되었다.

가해자 차량(싼타페)의 1차 추돌로 내가 사랑하였던 승용차 세피아는 주인의 생명을 구하고 장엄한 희생으로 끝을 마감하였다. 필자가 병원에서 퇴원하여 사고 현장을 확인하여 보니

8m 간격으로 가로수가 있고 나무 굵기가 70~80cm되는 은행나무이다. 추돌지점 바로 우측에는 1,2m 둘레의 전주電柱, 그리고 전주와 2m 정도 사이에 대형 도로 안내 표지판이 있다. 표지판 기둥이 1,5m 둘레의 쇠로 만들어진 기둥이다. 저기 지금 내가 보는 도로표지판 쇠기둥iron post이나 전신주 아니면 은행나무와 2차로 연쇄충돌하였더라면 필자는 어떻게 되었을까? 결코 세상의 빛을 보지 못하였을 것이다. 생각하기조차 너무 끔찍하다.

밀집하여 있는 2개의 거대한 도로표지판 쇠기둥과 시멘트 전신주 그리고 가로수 은행나무들 공간 사이를 교묘하게 피하여 마치 제비가 공중비행하듯 비행하여 늪지대에 착륙한 것은 우연일까? 기적일까? 그리고 필자가 시내에서 일을 마치자 커피 한 잔을 하고 가라는 말을 수용하고 귀가하였더라면 필자는 가해자 K씨와의 끔찍한 추돌을 피하지는 않았을까? 귀가하여 할 일도 없으면서 서둘러서 귀가를 하게 한 것은 무엇인가? 이 모든 일이 단지 우연chance의 일치인가? 아니면 신god의 섭리providence인가?

많은 사람이 병문안을 와서는 다음과 같은 말을 하였다. 운good lucks이 좋았다고! 그러나 지금 나는 생각을 해보건대 분명 이것은 하나의 기적miracle이었다. 그토록 큰 교통사고를 당하였음에도 손가락 하나 다치지 않았고 신체 어느 부분 경미한 부상負傷도 없다. 지금 이렇게 살아 있는 것은 아직은 필자가 이 세상에 남아서 할 일이 남아 있다는 이야기인가?

그렇다. 세상 사람들에게 인생을 살아가는 지혜wisdom가 담긴 글을 더 많이 더 열심히 쓰라는 신[god]의 명령[order]이거나 아니면 신[god]의 뜻[purpose]이라는 생각을 하여본다. 그리고 이렇게 건강하게 살아 있음에 신[God]께 감사한다.

(2007년 계간 참여문학 여름호 『글맛 30호』에 발표)

세라믹 분수대

지난 여름에 막내 처제 내외로부터 갈색바탕에 활짝 핀 코스모스 꽃이 조각이 된 세라믹 분수대 1조(2개)를 선물로 받았다. 처제는 동서가 수년 전에 중국으로 진출한 한국기업 M이라는 회사의 CEO로 근무하고 있다. 그런데 이번 여름에 휴가를 얻어 처제 내외가 일시 귀국을 한 것이다. 선물로 받은 분수대는 이름도 모르는 어느 전문 도예가의 손에 의해 정교하게 빚어진 것으로 키 70cm, 몸통둘레 50cm, 목둘레가 15cm, 수반 지름이 30cm로 한국도자기의 대표 브랜드라고 할 수 있는 청자靑瓷 매병梅甁 모양의 본을 딴 것으로 날씬하면서 세련되게 변형시켰고 표면에 청자의 학鶴을 조각하는 대신 가을의 꽃 코스모스 꽃을 조각한 것이었다. 세라믹 분수대는 작동하지 않더라도 실내장식으로 분위기를 아름답게 꾸며주기에, 매우 귀한 선물을 받았다는 생각을 하고 있다. 한 여름에는 실내온도가 높고 상대적으로 대기습도가 높아 분수대를 작동하지 않고 장식용으로 보관하고 있다가 겨울철로 접어들면서 난방을 하니 실내공기가 매우 건조하기에 분수대를 매일 밤낮으로 작동시키고 있다. 코스모스 꽃이 새겨진 처녀의 몸매같이 매끈하게 잘 빠진 도자 분수대에서 맑은 물이 분출되어 흐른다.

도자 분수대 몸통을 잔잔하게 흐르는 작은 물결을 바라보니 조각이 된 코스모스 꽃들이 살아서 움직이는 듯 바람결에 흔들리는 모습으로 다가선다. 한동안 바라보고 있으려니 코스모스 꽃을 조각한 전혀 알지 못하는 젊은 도예가陶藝家인 듯 싶은 처녀가 가냘픈 손으로 미소를 지으면서 손을 흔들고 있다는 착각이 들기도 한다. 12월로 접어들면서 될 수 있는 대로 야외활동을 줄이고 대부분의 시간을 실내에서 생활하고 있다. 나이가 든 탓일까? 최근 들어 시력이 급격하게 떨어지고 자주 눈에 통증을 수반한 충혈이 나타난다. 그래서 요즘 시내에 있는 안과 전문병원에 가는 일이 자주 생긴다. 안과 전문 의사의 말로는 안구 건조증이 그리고 피로가 원인이 되어 눈의 실핏줄이 파열되는 것이라고 한다. TV시청은 아주 오래 전에 멀리 하였다. 요즘은 글을 쓰는 일이나 책을 읽는 것도 신경이 쓰인다. 그런 저런 이유로 내가 하는 일이란 기껏해야 좋아하는 음악이나 듣고 사색을 하거나 또는 화분을 관리하거나 분수대를 바라보는 것이다. 점심식사가 끝난 조용한 오후이다. 거실의 큼직한 4쪽짜리 판유리를 통하여 겨울의 따스한 밝은 햇볕이 들어오고 있다. 오늘도 거실에 있는 원탁 테이블에 혼자 앉아서 해맑은 햇살을 즐기며 동시에 아름다운 분수대에서 분출되는 분수를 감상하고 있다.

어느 사이에 해맑고 따스한 햇볕은 나의 주름진 이마와 얼굴에다 부드럽고 달콤한 키스를 쏟아 붓고 있다. 얼마간 있자 이마와 얼굴뿐 아니라 온몸에 부드럽고 따스하며 달콤하다 싶은 키스를 쏟아붓는 것이다. 한낮의 나른함과 나태가 찾아온다. 나는 깨어 있는 생生과 생각이 죽어 있는 잠sleep 사이에서 점점 경계가 불분명한 무한의 깊은 심연深淵속으로 빠져들고 있었다. 심연의 땅은 나태의 성懶怠의 城 castle of indolence이 있는 상상의 나라, 즐거운 나라, 꿈의 나라이다. 분수대 주변에는 크고 작은 화분에 심어진 녹색의 무성한 잎이 있는 화초와 꽃이 활짝 핀 화초들이 화분에서 자라고 있다. 산세베리아, 로즈마리, 게발선인장, 덴 파래, 군자란, 문주란, 포인세티아, 시클라멘 등 푸른 잎들이 따스하고 부드러운 햇살을 받아서 신비로운 색조를 발하고 있다. 더욱이 만개한 시클라멘의 빨강 꽃송이가 정열적으로 붉은 빛을 발한다. 지금은 분수대에서 부드럽게 흐르고 있는 물소리만이 오후의 정적을 깨고 있다. 거실 벽에 걸린 대형시계의 길게 매달린 추錘만이 침묵을 지키며 쉬지 않고 좌우운동을 하는 것 이외는 움직임이 전혀 없는 고요와 평화만이 있는 오후 시간이다. 화분에서 자라고 있는 푸른 화초의 숲 속에서 유일하게 분수대에서 쉼 없이 조용하게 물이 흐르는 것이외는 아무 소리도 없다. 고요와 침묵이 흐르고 있다. 정적이 고독의 분위기를 자아낸다.

나는 어느 사이에 생과 사의 경계가 불분명한 깊은 심연deep abyss속의 나라, 즐거운 나라, 꿈의 나라에 와 있다. 내가 와 있는 땅은 밟아본 적이 없는 전혀 생소한 곳이다. 나는 생소한 곳에서 야생화 꽃이 만발한 숲 속을 산책하고 있다. 숲의 향기와 꽃의 향기에 취하여 얼마간 산책을 하다보니 시클라멘의 빨간 꽃에서 꼬마 요정이 나오고 이어서 코스모스의 꽃에서도 꼬마 요정이 나온다. 이 꼬마 요정들은 어느 순간에 성숙한 아름다운 여인들로 변하여 있었다. 두 명의 젊은 여인은 나무숲이 우거진 가까운 곳에 있는 절벽 아래 폭포수로 가서 옷을 훌훌 벗더니 목욕을 즐기는 것이다. 나는 재빨리 나무숲 속에 몸을 숨기고 두 명의 젊은 여인들이 목욕하는 것을 몰래 지켜보고 있었다. 시클라멘의 꽃에서 나온 여성은 미끈한 몸매에 윤기가 있는 검은 피부를 가진 발랄하고 정열적이며 요염한 몸매를 가진 젊은 여성이었고 코스모스 꽃에서 나온 다른 여성은 가냘프고 키가 크며 눈같이 하얀 피부를 가진 허리가 가늘고 다리가 쭉 빠진 비너스[Venus]와 같은 몸매를 가진 고상하면서 우아한 젊은 여인이다. 두 여인은 깊은 숲 계곡에서 흐르고 있는 수정같이 맑은 물에 몸을 담그기도 하고 때로는 계곡물에 젖어서 몸에 딱 달라붙어 하얀 속살이 내비치는 속옷을 밀어내듯 터질듯 솟아 있는 젖가슴을 양손으로 어루만지는 자세를 취하기도 하고 때로는 어깨너머로 길게 늘어지는 치렁치렁한 검은 머리를 양손으로 받쳐서 머리 위로 걷어 올리려는 자세를 취하기도 한다.

그런가 하면 젊은 두 여인은 떨어지는 폭포수를 가슴으로 받아 보려는 듯 한껏 부푼 젖가슴을 물줄기를 향하여 내밀기도 하는 자세를 취하기도 하고, 서로 마주 보기도 하며 때로는 알아듣지 못하는 말을 주고받으며 미소를 짓기도 하고 때로는 낄낄거리며 웃기도 한다. 나는 한동안 아름다운 여인들이 목욕하는 광경에 취하여 황홀경에 푹 빠져 있었다. 그런데 갑자기 사방이 어두워지면서 소낙비가 내리기 시작한다. 목욕을 즐기고 있던 아름다운 젊은 여인들은 온데간데없이 사라지고 갑자기 내린 소낙비로 나의 옷은 모두 젖었다. 나는 한기를 느끼기 시작하였다. 그리고 빨리 집으로 돌아가야 한다는 생각이 들었고 마음이 급하여 방향감각도 없이 마구 달렸다. 마침내 깊은 심연abyss의 나라인 꿈의 나라에서 탈출해 왔다. 한낮의 따뜻한 햇볕이 나로 하여금 낮잠nap을 자게 하였고 백일 몽day dream을 꾸게 한 것이다. 내가 꿈속에서 본 젊고 아름다운 여인들은 나의 깊은 무의식에서 나온 환상vision이었나? 아니면 깨어 있는 꿈waking dream이었나? 아니면 몽환reverie이었나? 이제는 판유리 창문을 통하여 들어와서 내게 달콤한 키스를 전신에 퍼부었던 해맑고 따스한 햇볕도 사라지고 없었다. 창문 밖을 내다보니 태양이 서산으로 막 넘어가면서 붉은 노을을 만들고 있었고, 도자 분수대의 조각된 코스모스의 모습도 화분에서 자라고 있는 화초들의 모습도 서서히 어둠으로 묻혀가고 있었다.

만약에 꿈dream속에서 검은 구름이 몰려오지 않고 갑자기 소낙비가 내리지 않았더라면! 숲의 계곡에서 흰 살결이 내비치는 속옷차림으로 목욕을 즐기고 있었던 아름다운 몸매를 가진 젊고 아름다운 여성의 신비스러운 나체nude를 보았을 텐데! 아쉽게도 그렇게 꿈이 끝나 버린 것이다. 한겨울의 태양빛이 5분 아니 1분만 더 길었더라도 나의 꿈이 지속되었을 것이고 목욕을 즐기고 있었던 아름답고 젊은 여인의 신비스러운 누드를 보았을 텐데! 누가 지상의 어느 꽃이 아름다운 젊은 여인의 나체[nude]보다도 아름답고 신비스럽다고 말을 할까? 아름다운 젊은 여인의 나체[nude]가 세상에서 가장 아름답고 가장 신비스럽다고. 그래서 젊은 아름다운 여인의 나체가 신[god]이 만든 창작 예술품이라고 그리 말을 한다면, 세상은 필자를 음탕[lust]하다고 할까? 아니면 관음증[voyeurism]이라고 할까?

(2009년 계간 참여문학 겨울호 『글맛 40호』에 발표)

세상은 아름다운데!

끊임없이 순환되는 계절의 변화는 세상을 무척이나 아름답게 만든다. 그리고 많은 사람들이 아름다움을 창조하기 위하여 무한히 피와 땀을 흘리며 노력하고 있기에 세상은 더욱 아름답다. 그래서 많은 사람이 다음과 같은 말을 하고는 한다. "세상은 아름다우나 인생은 짧고 예술은 길다"고. 예술이 영원하게 살고 싶은 인간의 욕망을 커버해 주기에 그렇다. 윌리엄 버틀러 에이츠(1865~1939) 시인은 "비잔티움으로의 향해"라는 그의 시에서 다음과 같이 말하고 있다. "지난 4,000년(희랍, 로마문화 2,000년+기독교문화 2,000년)은 희랍과 로마문화 그리고 기독교문화였지만, 앞으로 2,000년의 미래문화는 예술의 문화가 될 것이며 예술의 문화가 문명의 종말을 극복한다"라고 말이다. 이제까지 신앙이라는 믿음에 가치를 부여하고 삶을 살아가는 많은 사람들은 부활이라는 낱말과 천당과 극락, 지옥이라는 상상의 낱말에 의지하며 영원하게 살고 싶은 욕망을 커버해 왔다.

필자는 41년 전에 일찍이 아버지를 잃었고 이번에 한 분 남아 있는 어머니까지 잃었다. 필자는 아버님을 여읜 상태에서 결혼을 하였기에 아버지의 결혼 축복도 받지 못하였다. 비록 어머니가 세상에서 말을 하는 100세의 천수를 누리셨다고 하지만 남편도 없이 홀로 41년이라는 긴 세월을 외롭게 인생을 사시다 가셨기에 자식으로서 슬픔이 더한 것이다. 인생을 100년을 살고 세상을 떠나시든, 아니면 세상구경도 못하고 세상을 떠나든 사랑하는 사람과의 이별은 세상에 살아 있는 사람에게 커다란 슬픔이다. 더욱이 사랑하는 부모님께서 늙어서 추하고 병이 들어 고통을 받는 모습을 바라보는 것은 뼈를 깎는 통렬한 고통이다. 인간은 왜 저렇게 늙고 병이 들어서 추하여지고 고통을 받다가 죽음의 길을 떠나야 하는가. 차라리 부모님의 무거운 짐을 자신이 대신하여 지고 싶다는 생각으로 뜨거운 눈물이 흐르는 것이다. 이것은 모든 자식의 마음이다. 필자는 아주 오래 전에 죽음에 대하여 많은 것을 생각하여 왔다. 모든 생물은 죽음을 전제로 하여 탄생되었다는 사실을 너무나 잘 알고 있기에 죽음에 대하여 아무런 걱정이나 두려움은 없다. 죽음에 대한 걱정이나 두려움이 없는 것은 천당이나 지옥 그리고 부활이나, 영혼 환생과 같은 허구의 낱말에 대하여 그런 황당한 말을 믿지 않기 때문이다. 늙어서 병들고 죽어서 한줌의 재가 되거나 먼지가 되어 무기원소로 분해가 되어 흙으로 돌아가는 것을 너무나 잘 알고 있기에 그렇다. 그러나 고통이든 기쁨이든 슬픔이든 모든 것은 본인 자신이 짊어지고 가야 할 몫이기에 어느 누구도 대신하여 부모님의 무거운 짐을 질 수 없다는 사실 그 자체가 슬픔이고, 괴로움인 것이다. 이제 필자는 사랑하는 어머님마저 다시는 볼 수 없는 아주 먼 세상으로 영원히 보내 드렸기에 보고 싶어도 다시 볼 수가 없다. 세상의 모든 어머니가 자식들의 마음의 안식처가 되듯이 나의 어머님도 필자의 안식처가 되곤 하였다. 이제 마음의 안식처를 잃어버린 필자의 마음은 높고 파란 창공에 떠 가는 흰 구름과 같이 외롭다. 나이가 70세가 되고 80세가 되어도 아니 100세가 되어도 함께 하고 싶은 분은 바로 자신을 낳아 길러 주신 아버지와 어머니이며, 아버지 어머니라는 이름은 부르고 또 불러도 부르고 싶어지는 고귀한 이름이다.

(2011년 4월 20일 어머님 장례를 마치고)

(2011년 계간 참여문학 여름호 『글맛46호』에 발표)